Der Autor freut sich – Grund dazu hat er

Rudolf Sack

BISS AUF BISS

Erfolge mit meinen Angelmethoden

Sechste, verbesserte Auflage
Mit 54 Einzeldarstellungen in 41 Abbildungen
und 7 farbigen Abbildungen auf 4 Tafeln

Verlag Paul Parey · Hamburg und Berlin

Von Rudolf Sack erschienen ebenfalls im Verlag Paul Parey:

Große Fänge
Angelerfolge in See, Fluß und Meer
2. Aufl. 1977, 114 S. mit 44 Abb. im Text und auf 1 Tafel

Hochseeangeln
Ein Fangbuch für große und kleine Meeresfische
1980. 94 S. mit 73 Abb., davon 12 farbig auf 16 Tafeln

Karpfenfang
Wegweiser zum Angelerfolg
2. Aufl. 1981, 85 S. mit 56 Abb. und 1 Farbtafel

Biß auf Biß

1. Auflage 1969
2. Auflage 1970
3. Auflage 1971
4. Auflage 1973
5. Auflage 1976
6. Auflage 1981

CIP-Kurztitelaufnahme der Deutschen Bibliothek

Sack, Rudolf
Biß auf Biß: Erfolge mit meinen Angelmethoden /
Rudolf Sack. [Die Abb. zeichn. Erwin Staub nach
Skizzen d. Verf.]. – 6., verb. Aufl.,
Hamburg; Berlin : Parey, 1981.
ISBN 3-490-10214-2

Die Abbildungen zeichnete Erwin Staub, Hamburg, nach Skizzen des Verfassers

© 1976 und © 1981 Verlag Paul Parey, Hamburg und Berlin. Anschriften: Spitalerstraße 12, 2000 Hamburg 1; Lindenstraße 44–47, 1000 Berlin 61, Printed in Germany by Westholsteinische Verlagsdruckerei Boyens & Co., Heide/Holstein. Einbandgestaltung: Mario Sander, Hamburg, unter Verwendung eines Farbphotos von W. Opitz.

ISBN 3-490-10214-2

Vorwort

Wer möchte nicht zuschauen, wenn einer der erfolgreichsten Angler fischt. Es gibt doch nur eine ganz kleine Anzahl wirklicher Meister, die uns mit ihren Fängen immer aufs neue in Erstaunen versetzen. Aber auch sie sind schon stark spezialisiert, und zwar auf Fried- und Raubfische und auf Salmoniden.

Unter den deutschen Meisteranglern auf Fried- und Raubfische ist uns seit Jahren der Verfasser dieses Buches, Rudolf Sack aus Meppen, aufgefallen, der zusammen mit seinen Vereinskameraden oft von sich reden machte. Bei Preisfischen war der Autor mehrmals Erster, oft unter den ersten fünf, und er erzielte diese Ergebnisse fast ausschließlich mit ungewöhnlich großen Rotaugenfängen. Aber auch als Einzelangler fiel der Verfasser in den letzten Jahren auf, landete er doch mehrere hundert Hechte bis zu 17 Pfund Stückgewicht, über drei Dutzend kapitale Karpfen, große Mengen guter Barsche bis zu 3 Pfund und einige hundert Zander bis zu 11 Pfund. Auch die Massenfänge von Brassen – an einem Vormittag 120 Pfund – sind nicht vergessen.

Glücklicherweise gehört Rudolf Sack zu den wenigen, die erfolgreich sind und außerdem bereit, ganz offen darüber zu berichten, wie sie regelmäßig zu derartigen Ergebnissen kommen. Es gibt bei ihm keine Geheimniskrämerei. Ohne Konkurrenzfurcht zeigt Rudolf Sack den Freunden am Wasser sein Gerät und seine Fangmethoden.

Seit nunmehr fast 20 Jahren gibt er außerdem sein Wissen in Form zahlreicher Vorträge an viele hundert Angler weiter und hilft ihnen dadurch bei der Ablegung der Sportfischerprüfung.

Für alle Fried- und Raubfischangler, die nicht das Glück haben, ihm in der Praxis über die Schulter zu schauen, hat der Verfasser alles bedacht, erklärt und aufgeschrieben.

Dies Praktikerbuch führt den Leser an Seen, Flüsse, Altarme und Schiffahrtskanäle, und zwar nicht in der Vergangenheit oder gestern, nein, heute! An diesen stark befischten Gewässern ist der jetzt 57jährige Verfasser immer noch überaus erfolgreich, ebenso wie auf seinen Angelreisen in Europa und Übersee. Es muß also an seinen Fangmethoden liegen, und diese wollen wir uns jetzt einmal genau ansehen.

Die ersten drei Auflagen des Buches waren jeweils nach wenigen Monaten vergriffen. Hier ist die sechste innerhalb von elf Jahren.

Im Sommer 1981   Hans Colas

Inhalt

Einleitung

Dies ist kein umfassendes Lehrbuch, denn eigentlich hatte ich nur die Absicht, verschiedene Methoden des Fischfangs, die sich als besonders erfolgreich erwiesen haben, zusammenzustellen, um sie dereinst meinen Kindern, falls eines von ihnen den recht ansteckenden Bazillus der anglerischen Betätigung in sich tragen sollte, als Lesestoff zu geben. Noch ist ihnen aber der neueste Hit wichtiger als die Stärke der von mir benutzten Schnüre, und die Lautstärke des Transistors hat Vorrang vor jedem meiner Anglerprobleme. Zum Angler muß man geboren sein. Man muß sehr früh mit dem Angeln beginnen und später ständig in der Übung bleiben, um dem Einfallsreichtum der Fische hinsichtlich ihrer Neigung, den erwartungsvoll ausgeworfenen Angelhaken zu meiden, gewachsen zu sein. Mit keiner dieser Forderungen konnten sich meine Kinder bisher besonders anfreunden, so daß ich jegliche Hoffnung aufgegeben habe, sie eines Tages mit meinen Aufzeichnungen erfreuen zu können.

Ein in der Schreibtischschublade dahindämmerndes Manuskript nützt nun aber so viel wie ein zu Hause vergessener Köder. Nur dieser Überlegung verdankt daher dieses Buch seine Entstehung. Vielleicht bedauert der eine oder andere Leser sogar, daß ich es dem Dunkel dieser Lade entnommen habe. Damit muß sich ein Angelschriftsteller aber abfinden; täte er es nämlich nicht, gäbe es bald auch keine Bücher mehr.

So viele Angler es gibt, so vielfältig sind auch die Methoden, mit denen die Angelrute gehandhabt wird. Und immer wird sich dabei herausstellen, daß die eine Methode mehr Fische in den Beutel bringt als eine andere. Immer wieder wird es deshalb auch Angler geben, die mit großem Interesse einen Blick auf die Rute des Nachbarn werfen. Diesen Blick zu erleichtern, dazu möchten die nachfolgenden Seiten ein wenig beitragen. Eines darf aber schon jetzt festgestellt werden: Eine Methode, die in jedem Falle und unter allen Umständen zum Erfolg führt, gibt es nicht. Noch so ausgeklügelte Fangtechniken werden es nicht vermögen, schlafende Fische zum Fressen zu bewegen. Abwegig ist es auch, wenn jemand glaubt, die sogenannten Meisterangler fangen in jedem Falle Fische, selbst dann, wenn andere erfolglos bleiben. Es würde an Zauberei grenzen, gäbe es etwas Derartiges wirklich. Nur unaufhörliches Beschäftigen mit der Materie, und mit wissenschaftlicher Gründlichkeit angestellte Überlegungen können dazu führen, die

Fangtechniken zu vervollkommnen und damit vielleicht auch jene Fische an den Haken zu bekommen, die aus Neugier zwar den Köder nehmen, ihn aber unter keinen Umständen fressen wollen.

Die Erfahrung lehrt, daß hier eine der Hauptursachen für die unterschiedlichen Fangerfolge einzelner Angler unter sonst gleichen Bedingungen zu finden ist. Nur wenn es gelingt, auch diese Fische zu überlisten, kann man seine Fangaussichten erheblich verbessern. Man muß die Ursache erkennen und für Abhilfe sorgen. Das häufige Ausspeien des bereits ins Maul genommenen Köders bei vielen Friedfischarten ist eine der Hauptursachen für den Mißerfolg. Immer wieder konnte ich, insbesondere beim Fang von Rotaugen, Brassen und Karpfen, dieses Übel beobachten. Es war nur eine Frage der Zeit, bis es gelang, auch diese Unart dem Angler als Biß sichtbar zu machen und auf solche Weise mehr Fische zu fangen, als es sonst möglich gewesen wäre.

Auch beim Raubfischfang erwiesen sich einige altüberlieferte Regeln als hemmend für den ersehnten Fangerfolg. Es gehörten dazu die Mär vom Hecht, der die Barschartigen wegen ihrer stacheligen Rückenflossen verschmäht und die man deshalb abschneiden müsse ebenso, wie die phantasievollen Erzählungen über die panische Angst der Rotaugen vor allem, was nach Esox riecht.

Angeln ist nichr nur eines „nachdenklichen Mannes Erholung", sondern auch eine überaus spannende und niemals langweilig werdende Tätigkeit. Sie zwingt den Ausübenden zu intensiver und ausdauernder Beobachtung seines Wildes und versetzt ihn dadurch in die Lage, mit ihm auf „Flossenfühlung" zu bleiben.

Ich habe versucht, mich bei der Beschreibung der jeweils erfolgreichsten Angelmethode für die einzelne Fischart so kurz wie irgend möglich zu fassen. Ein dickes Buch wollte ich nicht schreiben, sondern eines, das in kurzer und leicht verständlicher Form das Wesentliche umreißt.

Nur auf der Suche nach ständiger Vervollkommnung der Angeltechnik wird man es als Angler vielleicht eines Tages so weit bringen, das Glück ein wenig zu seinen eigenen Gunsten beeinflussen zu können.

Wie es dazu kam

Irgendwann im Leben gab es für jeden von uns den Zeitpunkt, der geeignet war, ihn zum Angler werden zu lassen. Und weil sich die Erinnerung an den ersten Fisch gewöhnlich durch alle Wirrnisse des weiteren Lebens erhält, wäre es unfair, nicht von seinem Fang zu berichten.

Daß ich überhaupt meinen ersten Fisch fangen konnte, obwohl ich zu diesem Zeitpunkt erst fünf Jahre alt war, lag zum Teil an meinem Vater, der schon seit vielen Jahren zur ehrwürdigen Gilde der Posengukker gehörte. Allerdings half ich kräftig mit, indem ich zur Freude meiner Mutter eine unbändige Lust verspürte, den Vater auf seinen Pirschgängen zu begleiten. Glücklicherweise bin ich wohl keiner von denen gewesen, die den Alten auf die Dauer lästig werden, allerlei Streiche aushecken und so lange quengeln, bis eine Tracht Prügel allem Ärger abrupt ein Ende setzt. Wohlwollend übersah mein Vater deshalb meine noch sehr schmächtige Figur und ließ mich eine Rute halten.

Als ich meinen ersten Fisch fing, regnete es in Strömen, und es war kein Können dabei, sondern reiner Zufall. Ebensogut hätte meine Großmutter in jenem Moment auch die Angel hochziehen können, denn Fische fragen nicht danach, wer gerade die Rute hält. Maßgebend ist, wer sie vorher in den Fingern hatte, um seine Künste daran auszulassen. Diese Erkenntnis kam mir aber erst viel später, als ich nämlich feststellte, daß man als Angler unter die Zufallsfänger gerät, wenn man nicht versucht, von diesen Künsten möglichst viel zu erhaschen. Zufallsfänge sind so selten wie der Erfolg beim Suchen nach einem vierblättrigen Kleeblatt, und in der Zwischenzeit nagt die Langeweile an der Angellust. Manchmal stirbt die Angellust daran.

Um sich vom Zufallsfänger zum richtigen Angler mausern zu können, bedarf es gewöhnlich eines Vaters. Leider sind nicht alle Väter zugleich auch Angler, das macht die Sache so kompliziert. Jetzt, da der weise Rat des Vaters fehlt, gerät der Suchende in die Zwickmühle der tausendundeins Meinungen, die es über die Kunst des Angelns auf dieser Welt gibt, und nun komme ich und füge Ihnen die tausendundzweite hinzu.

Beim Fischen führt jedoch nicht das Für oder Wider der verschiedenen Meinungen zum Erfolg, sondern nur das Heraussuchen einer für den besonderen Fall geeigneten Methode. Wenn ich daher meinen Methoden den Vorzug gebe, wen wundert das?

Angeln besteht zu 60 Prozent aus dem, was man seinem Vater (oder jemand anderem) abgeguckt hat. Dazu kommen 30 Prozent eigene Erfahrungen, während die restlichen 10 Prozent aus Glück bestehen. Wer sich daher nur auf sein Glück verlassen will, ist schlecht dran. Da nützt es auch sehr wenig, wenn man zufällig an einem Sonntag geboren wurde. Man kommt um die fehlenden 90 Prozent nicht herum, will man auch noch dann genug Fische in der Pfanne zum Brutzeln bringen, wenn Besuch kommt. Schließlich kommt der Besuch ja meistens, wenn die Beißzeittafeln gerade eine Flaute anzeigen. Mein Vater wußte auch in solchen Fällen Rat, man muß nur noch ein wenig weiterlesen.

Um Angler zu werden, braucht man keine teuren Geräte, sondern einen Fisch. Ohne Fisch an der Schnur wird man niemals ein richtiger Angler. Mein erster Fisch wog 230 g und zählte sich hochtrabend zur Gattung der Cypriniden. Erst später erfuhr ich, daß es sich um ein gewöhnliches Rotauge oder eine Plötze, wie man sie bei uns zu Hause zu nennen pflegte, gehandelt hatte, von denen mein Vater an normalen Beißtagen eine Wanne voll fing.

Ich hatte Mühe, den für meine damaligen Begriffe riesenhaften Fisch auch fachgerecht zu landen, denn lesen konnte ich zu dieser Zeit noch nicht, und dementsprechend wird es wohl ausgesehen haben. Ein Purzelbaum nach rückwärts mitsamt dem Fisch am Haken stand in keinem Lehrbuch beschrieben, davon habe ich mich später überzeugen können. Aber ich war auf dem besten Wege, ein richtiger Angler zu werden. Ich ließ ihn nicht mehr los und trug ihn stolz nach Hause, meinen ersten Fisch.

Erinnerungen

Die Wartezeiten von Wochenende zu Wochenende waren mir viel zu lang. Zwar hing meine Rute einladend im Schuppen an der Wand, da war aber auch Vaters Verbot und der drohende Rohrstock auf dem Schrank, der darüber zu wachen hatte, daß diese Vorschrift eingehalten wurde. Ich sollte eben nicht allein fischen gehen und wollte es dennoch so gern. Es kribbelte damals schon genauso in den Händen wie zuweilen heute noch. Und dann kam die Idee, der rettende Ausweg aus dem qualvollen Martyrium. Eigentlich war ich nur der Ausführende, denn ich hatte einen Luftikus zum Freund, dem bisweilen die merkwürdigsten Sachen einfielen. Eine Scheibe Brot, ein wenig Zwirn aus dem Nähkasten der Mutter, dazu noch einen kleineren Stein, und fertig war die Angel. An die Stelle des fehlenden Hakens trat eine kleine Schlinge, mit deren Hilfe der Brotwürfel an der Schnur befestigt wurde. Der gleichfalls angeknüpfte Stein war Ersatz genug für die fehlende Bleibeschwerung, und glaube ja keiner, wir hätten damit keine Fische gefangen. Mindestens zwei von zehn fielen nicht wieder ins Wasser zurück und landeten zappelnd neben uns im kniehohen Gras. Es kam dabei nur auf den Schwung an, nicht zu zaghaft und nicht zu fest. Wir waren Wildfischer in höchster Vollendung, denn ohne Angelhaken gab es logischerweise auch keine Angel, und einen Zwirnsfaden in der Tasche würde man wohl noch transportieren dürfen. Dennoch machte mir der Schrank in unserer guten Stube mit dem daraufliegenden Rohrstock allerlei Sorge, aber dann bissen sie wieder so gut, und alles war vergessen.

Später wagten wir uns an größere Fische. So gab es in der Nähe einen Teich mit einer eisernen Brücke darüber. Sie befand sich an der schmalsten Stelle, und man konnte von dort oben sowohl die Schwärme der großen Rotfedern sehen, wenn sie sich um das eingeworfene Brot balgten, wie auch die gewaltigen Bugwellen der Karpfen bewundern, wenn sie dem Streit der Rotfedern ein Ende machen wollten. Unser Zwirnsfaden war, gemessen an den breiten, dunkelblau schimmernden Buckeln der Karpfen, zu dünn. Mein Freund war ein guter Freund, und deshalb stiftete er mich zu noch größeren Taten an. Als Anstifter hatte er nichts weiter zu tun, als Weisungen zu erteilen.

Ich mußte also stärkere Schnur besorgen und nahm die dickste, die ich hatte. Sie war überkreuz auf einen Stock gewickelt und gehörte zu einem Drachen, den mir der Vater mühevoll gebastelt hatte. Jetzt wollten wir aber keine Drachen steigen lassen, sondern den Karpfen zu Leibe rücken. Die Schnur wurde mit ihrem einen Ende am Brückengeländer festgemacht und am anderen Ende mit einer halben Scheibe Brot versehen. Da wir keine Haken hatten und uns trotz aller Pfiffigkeit auch keine beschaffen konnten, benutzten wir unsere bewährte Schlinge zur Befestigung des Köders. Voller Aufregung warfen wir das Brot mitsamt der Schnur ins Wasser und warteten auf die Karpfen. Die dicke Schnur störte uns dabei recht wenig, und die Karpfen schienen sie auch nicht zu beachten. Sie sahen nur das Brot und die daran zupfenden Rotfedern. Wenn ich an meine 35er denke, die ich jetzt beim Karpfenfischen benutze, dann müssen die Fische damals wohl noch dümmer gewesen sein als heute, und sicher waren sie es auch wirklich.

11

Man muß sich wundern, wie schnell eine halbe Scheibe Brot in einem Karpfenmaul verschwinden kann, aber da noch fast ein Meter Fisch an diesem Maul befestigt war, konnte man sich das Wundern ersparen. Langsam furchte die Wäscheleine das Wasser, während kleine Perlenschnüre von aufsteigenden Luftblasen die Richtung ahnen ließen, in die der Karpfen mit dem Brot samt Schnur verschwinden wollte. Der Rohrstock machte mir doch mehr zu schaffen, als ich dachte. Ängstlich suchten die Augen die Umgebung ab, aber zum Glück war weit und breit kein Mensch zu sehen.

Ein Rütteln ging durch das Brückengeländer und ließ meine Hände fester zugreifen. Der Boden fing an zu schwanken, Eisenteile schepperten wie leere Blechbüchsen in einer großen Kiste, und die bis dahin spiegelglatte Wasserfläche wurde von einer riesigen Schwanzflosse aufgewühlt. Dann plötzlich ein Ruck, das Schauspiel war zu Ende. Langsam verschwand der abgerissene Rest der Schnur in der Tiefe. Er wird wohl nicht lange gebraucht haben, um sie wieder loszuwerden.

Älter geworden, hatte ich Anspruch auf Ausstellung ordnungsgemäßer „Papiere". Dazu gehörte eben alles, was ein Angler so braucht, will er nicht ständig die Augen nach hinten drehen und dabei die schönsten Bisse verpassen. Endlich durfte ich allein ins Revier, denn mittlerweile hatte ich auch schwimmen gelernt, und das trug nicht unwesentlich zur Beruhigung meiner Mutter bei.

Meine erste Bekanntschaft mit einem Hecht machte ich am Auslauf einer Hefefabrik. In der milchigen Brühe, die aus einem dicken Rohr mit ziemlich starkem Schwall ins Wasser floß, wimmelte es nur so von Fischen. Ich mußte, um hier angeln zu können, etwa 20 Meter auf einem schmalen Mauervorsprung balancieren, wobei sich allzuviele Geräte als äußerst hinderlich erwiesen. So hatte ich dann auch nur eine Rute und einen Eimer, der noch einige Utensilien beherbergte, bei mir. Beim Fischen selbst stand ich steif wie ein Zinnsoldat mit dem Rücken an die Wand gelehnt, krampfhaft darauf achtend, nicht die Balance zu verlieren. Baden in Hefemilch lag mir einfach nicht.

Es biß wie toll, und so verschwand Fisch auf Fisch im Eimer. Das mochte einem Hecht wohl nicht gefallen. Sicher war er neidisch auf mich, wie es zuweilen ja auch unter Menschen vorkommen soll. Den nächsten Fisch, den ich in meinen Eimer befördern wollte, hielt er plötzlich fest. Das geschah mit einer solchen Heftigkeit, daß ich fast vor Schreck schon halb im Wasser lag. Den Rest besorgte er dann selbst. Ob mit Absicht oder aus reinem Zufall, ließ sich nachher nicht mehr feststellen. Zwar hielt ich die Rute noch fest in meinen Händen, aber das war für den Hecht kein Hinderungsgrund, sich schnellstens zu empfehlen.

Noch nach Tagen roch ich widerlich nach Hefe und machte vorerst einen großen Bogen um diesen Angelplatz, obwohl ich doch zu gern meinen ersten Hecht zu Hause vorgezeigt hätte.

Was man nicht zu wissen braucht

Schon jetzt weiß ich, daß dieses Kapitel eines der kürzesten des ganzen Buches wird. Ich habe lange nachgedacht, aber es fiel mir wirklich nichts ein, was ich als unwichtig einfach hätte weglassen können. Der Erfolg am Wasser setzt sich aus einer Vielzahl von Voraussetzungen zusammen, da darf einfach nichts fehlen.

Dennoch glaube ich, daß es etwas gibt, was man als Angler nicht unbedingt zu wissen braucht, und zwar deshalb, weil man keinen rechten Nutzen aus dessen Kenntnis ziehen kann. Oder gibt es irgendwo einen vernunftbegabten Angler, der nur deshalb am einzigen freien Tag der Woche nicht ans Wasser geht, weil seine Beißtabellen gerade Pausentimmung melden? Mich zieht es an solchen Tagen jedenfalls immer mit besonders großer Eile hinaus, denn ein Hecht, den man zu einem Zeitpunkt fängt, wo er doch eigentlich gar nicht beißen durfte – wegen der Beißtabelle –, macht mir besonders große Freude.

Wer auf solche Tabellen schwört, vergißt, daß Fische noch nicht lesen können, und wer dann immer noch daran glaubt, dem muß ich leider sagen, daß sich bei etwas gutem Willen jeder noch so magere Fang nachträglich leicht in die Tafeln einfügen läßt.

Tabellen gibt es für alle möglichen Zwecke, und alle verheißen sie das große Glück. Könnte aber wirklich jemand unfehlbare Toto-, Lotto- oder Fischbeißtabellen aufstellen, er würde sie sicher nicht zu Schleuderpreisen an jeden Interessenten verkaufen. Es gibt zwar Idealisten unter den Menschen, aber die Geschichte kennt zu wenig solcher Beispiele, als daß man sie zur Norm erheben könnte.

Mein Vater kannte solche Tabellen nicht und fing trotzdem – oder auch nicht, wie es sich gerade so ergab. Und wenn ich meiner inneren Stimme lausche, so muß ich sagen, daß sie es gar nicht gern sähe, wenn ich zu einem bestimmten Zeitpunkt – nach Tabelle – mit absoluter

13

Sicherheit den Beutel füllen könnte. Eine der hauptsächlichsten Triebfedern, die Angler ans Gewässer zieht, die Ungewißheit, wäre damit zugleich auch ihrer magischen Wirksamkeit beraubt. Allerdings bin ich bisweilen sehr zufrieden, daß es diese Tabellen gibt, weil sie bei einem Mißerfolg als unwiderlegbarer Entschuldigungsgrund herhalten können. Und das, meine ich, ist das einzig Gute an ihnen.

Das Wetter

So alt wie das Angeln, so alt sind auch die Entschuldigungsgründe, mit denen der Mißerfolg begründet wird. An sich eine durchaus natürliche Angelegenheit! Sonderbar daran ist nur, daß es fast immer und ausschließlich das Wetter war, mit dem leergebliebene Rucksäcke entschuldigt wurden. Oder ist vielleicht schon jemand einem Angler begegnet, der zugab, mit dem falschen Köder in der falschen Wassertiefe geangelt zu haben, der lächelnd erklärte, alle anderen hätten gefangen, nur bei ihm hätte nichts gebissen? Nein, wenn man schon erfolglos blieb, dann bitte schön im Kollektiv. Dann saßen noch mindestens zehn Leidensgefährten in der Nähe, denen es ähnlich erging. Auf diese Weise wird die Niederlage erträglicher, und bereitwillig greift man nun zum bewährten Vokabularium der Ausreden, bei denen das Wetter immer Pate stehen muß.

Daraus erkennt man, daß es zwischen dem Wetter und der Freßlust der Fische eine gewisse Beziehung gibt. Irgend etwas ist dran an diesem Gerede, ohne daß es allerdings den geringsten Nutzen hätte, kämen wir eines Tages dahinter. Was hätten wir schon davon, wenn uns jemand den Zusammenhang zwischen den verschieden hohen Luftdrücken und den damit verbundenen Windrichtungen, ihrem gemeinsamen Einfluß auf die Schwimmblase unserer Fische und der davon abhängigen Wassertiefe, in der sie sich dann am wohlsten fühlen, genau erklären könnte? Ändern würde sich doch nichts. Wir würden wie zuvor bei Hochdruckwetter wenig und bei Tiefdruckwetterlagen besser fangen. Es fehlt das entscheidende Faktum, der Eingriff des Menschen in das Wettergeschehen zum Nutzen der vielen Angler. Glücklicherweise sind wir aber noch nicht ganz soweit, denn Angeln schließt doch auch den Mißerfolg mit ein. Wo Fische immer beißen, käme die Angelei vor Langeweile bald um.

Angler sind zwar ständig auf der Suche nach der letzten Erkenntnis, wünschen aber insgeheim, sie nie zu finden; denn womit wollte man sonst wohl stundenlange Beißpausen ausfüllen? „Bei gutem Wetter mit der Familie ins Grüne und bei schlechtem Wetter mit der Rute ans Wasser." In diesem einen Satz meines Vaters lag so viel Weisheit, daß es vermessen wäre, wollte ich auch nur noch eine weitere Zeile über das Wetter hinzufügen.

Mitangler

Als Erlaubnisscheininhaber muß man sich mit seinen Mitanglern anfreunden oder nur einfach abfinden. Es gibt sie in allen Varianten, und man muß mit ihrem Dasein rechnen.

Um sie zu klassifizieren, braucht man meistens nicht viel Zeit. Oft kennt man seine Pappenheimer schon nach wenigen Tagen, spätestens jedenfalls, nachdem man einen Zehnpfünder gefangen hat. Es gibt dann solche, die einem zu diesem Fang gratulieren, und andere, die das nicht tun. Mir sind die ersteren verständlicherweise lieber.

Es gibt verschiedene Gründe, wenn uns jemand nicht beglückwünscht, und es gehört keine besondere Menschenkenntnis dazu, Neid als Hauptursache zu erkennen. Neid ist schließlich eine unter Menschen nicht selten anzutreffende Eigenschaft, es gehört nur eine gehörige Portion Selbstkritik dazu, ihn zu erkennen. Je lauter aber einer von sich behauptet, keinen Neid zu kennen, um so mißtrauischer bin ich. Lobhudelei auf die eigene Person ist immer mit besonderer Vorsicht zu genießen. Am liebsten sind mir sogar die, welche offen eingestehen, daß sie gern selbst an des Erfolgreichen Stelle ständen, und das hat mit Neid recht wenig zu tun.

Neider stehen nicht auf der positiven, sondern auf der negativen Seite des Lebens, weil sie bei allem, was andere betreiben, nur immer nach den negativen Dingen suchen. Auf diese Weise sind sie eifrig bemüht, den Erfolg des Glücklichen zu schmälern, und wenn sie Gleichgesinnte finden, haben sie manchmal auch das Glück, erhört zu werden.

Neider sterben leider nicht aus, und so muß man sich als Angler mit ihnen abfinden. Man kann sich nicht gegen ihre Hinterhältigkeiten

15

wehren, man kann nur durch humorvolles Verständnis für ihre Krankheit versuchen, sich großzügig über ihre Angriffe hinwegzusetzen. Neben den Neidern gibt es noch die sogenannten Maßhalter. Um Mißverständnissen vorzubeugen, muß ich dazu sagen, daß hiermit nicht etwa jene gemeint sind, die in verständlicher Sorge um den Bestand in Klein- und Kleinstgewässern sich selbst und anderen gewisse Fangbeschränkungen auferlegen müssen, sondern solche, die stets bei jedem größeren Fang erscheinen, um mit warnend erhobenem Zeigefinger die Zahl der gefangenen Fische festzustellen. Indem sie ein Zuviel dann kritisieren, erwecken sie zugleich den Eindruck, als wenn sie selbst die Fische in beliebig großer Zahl erbeuten könnten, wenn sie es nur wollten. Natürlich wollen sie nie, denn sie können ja maßhalten. Diese besondere Art des Neids ist außergewöhnlich lohnend, weil sie nicht nur dazu dient, den Erfolgreichen zu verdammen, sondern gleichzeitig sich selbst mit dem Fluidum des Meisteranglers zu umgeben. Selbst bei völligem eigenem Mißerfolg ist der Maßhalter nämlich in der Lage, seine Mitangler durch bescheidene Hinweise auf die geübte Selbstdisziplin zu verblüffen. Das einzige Mittel, um ihn bloßzustellen, besteht darin, so lange zu warten, bis er selbst einmal eine glückliche Angelstunde erwischt.

Man soll die Gunst der seltenen Stunden nutzen. Kein Mensch ist nämlich imstande, nach Bedarf und jederzeit beliebig viele Fische zu erbeuten. Die Natur setzt von sich aus Schranken, und so folgt einem guten Fang oft eine Periode naturgewollter Enthaltsamkeit. Außer gutem Appetit bringt man an solchen Tagen dann weiter nichts nach Hause. Voraussetzen muß ich allerdings, daß man nicht in einem kleinen Baggerloch voller Karpfen oder in einer überlaufenen Salmonidenstrecke fischt. Es muß schon ein großes Fischwasser sein, an dem man seine Künste zeigt, denn große Fischwasser können durch Angler niemals leergefischt werden. Dafür sind die strengen Schonzeit- und Mindestmaßbestimmungen in Verbindung mit der Hilfe unseres Schutzpatrons eine sichere Garantie. Und deshalb ist der streng erhobene Zeigefinger in solchen Fällen auch nur ein Umweg zu dem gleichen Ziel: Der Erfolg des einen soll gemindert und das maßhaltende Heldentum des anderen gefeiert werden.

Man wird am Wasser aber nicht nur dem Neid in seiner vielfältigen Gestalt begegnen, auch weniger gefährliche Zeitgenossen helfen mit, die kurzbemessenen Angelstunden zu „versüßen".

Von den Besserwissern wird hier nicht die Rede sein. Sie sterben ebenso schnell aus, wie sie trotz aller Besserwisserei erfolglos bleiben.

Die Zugwaage schafft gerade noch die Anzeige

Hier hat die Futterspirale einen schönen Brassen gebracht

Harmlos sind auch die Vergeßlichen. Nicht solche, die in der Eile des Aufbruchs zu Hause den Kescher liegengelassen haben, sondern jene, bei denen die Vergeßlichkeit in das monatliche Taschengeld mit eingeplant ist, bei denen Vergeßlichkeit zum chronischen Dauerzustand wird, weil der Appell an die Hilfsbereitschaft der zufälligen Mitangler selten erfolglos geblieben ist. Durch die geringe Zahl ist es aber nicht schwer, sie im Gedächtnis zu registrieren. Bis zu ihrer Heilung ist es dann kein weiter Weg.

Die Neugierigen gehören zu jener Sorte, die mir wirklich auf die Nerven gehen. Ist man nämlich gezwungen, längere Zeit in der Nähe solcher Zeitgenossen zu verweilen, landet man eines Tages mit Sicherheit beim Psychiater. Bei der geringsten Bewegung, die sie zu erkennen glauben, kommt fast augenblicklich die Frage: ,,Haben Sie einen Biß?'' Und hat man dann einen, fragen sie sofort nach weiteren Einzelheiten. Sie wollen genau wissen, mit welchem Köder, welcher Hakengröße und welcher Art von Schnur der Biß erzielt wurde. Sie müssen die Stelle sehen, an der der Haken gefaßt hat, und sie werden mit dem Lotblei die Tiefe nachprüfen, in der gefischt wurde. Sie sind nicht eher zufrieden, bis der Fisch zerteilt und der Mageninhalt von ihnen untersucht ist. Sie geben nicht eher Ruhe, bis sie auch die kleinste Kleinigkeit mit eigenen Augen gesehen und mit eigenen Händen geprüft haben, und wenn sie endlich auf ihren Platz zurückkehren, dann nur, um beim nächsten Biß des Nachbarn von vorne zu beginnen.

Als Radikalmittel hilft nur ein erschrockener Blick auf die Uhr und hastiges Einpacken der Geräte. Auf diese Weise gelingt es manchmal, den nimmermüden Augen des Neugierigen zu entkommen. Selbst wenn ein anderer Platz dann nicht so ergiebig sein sollte: Die dort herrschende wohltuende Ruhe macht diesen Mangel meistens wieder wett.

Bevor nun allerdings der irreführende Eindruck entstehen könnte, die Masse der Angelkollegen, die man gelegentlich am Wasser trifft, sei von der eben beschriebenen Art, fällt mir noch rechtzeitig der Balken im eigenen Auge ein, der mir auf der Suche nach Splittern bei anderen fast entgangen wäre.

Ich beschließe deshalb dieses Kapitel mit der Feststellung, daß man mit den 98 Prozent der hier nicht aufgeführten Kollegen am Wasser sehr gut auskommt. Auch in Zukunft wird deshalb der obligatorische Ruf nach dem Kescher nicht ungehört verhallen.

Utensilien

Geräte sind zum Angeln so notwendig wie die Luft zum Atmen. Trifft man daher am Wasser jemand an, der in augenfälliger Weise Dinge mit sich herumschleppt, von denen in diesem Kapitel die Rede sein wird, kann man jede Wette darauf eingehen, daß der Fang von Fischen Motiv seiner diesbezüglichen Bemühungen ist. Gegenteilige Behauptungen sind allenfalls in der Lage, unbeteiligte Laien irrezuführen. Es gibt so viele andere Möglichkeiten, das Verlangen nach frischer Luft zu stillen, und so viele Gelegenheiten, die Wunder der Natur in aller Beschaulichkeit und Ruhe zu genießen, daß es dazu nicht der mühevollen Bürde der spazierengeführten Angelgeräte bedarf.

Wer sich die Mühe macht, gelegentliche Äußerungen solcher Frischluftfanatiker unter die Lupe zu nehmen, wird allerdings sehr schnell feststellen, daß ein gewisser Zusammenhang zwischen dem Inhalt des Fischbeutels und dem Frischluftbedarf seines Besitzers besteht. Je gefüllter nämlich dieser Beutel ist, um so weniger notwendig ist ein Hinweis auf den eigentlichen Zweck des Unternehmens. Der gefüllte Beutel spricht ohnehin Bände. Der leergebliebene Rucksack hingegen verlangt förmlich nach einer plausiblen Erklärung. Hier wird der Frischluftbedarf daher begreiflicherweise am größten sein.

Es gibt nun viele Möglichkeiten, beschreibende Darstellungen der benötigten Geräte sinnvoll in ein fangtechnische Hinweise enthaltendes Buch einzufügen. So wäre es z. B. sehr seitenfüllend, ein derartiges Kapitel mit Beschreibungen prähistorischer, hakenähnlich geschnitzter Knochen beginnen zu lassen, die erste Anhaltspunkte für das Treiben unserer urweltlichen Brüder geben könnten. Bis zur detaillierten Erörterung des Inhalts eines der heutigen umfangreichen Gerätekataloge ließen sich damit allerlei Manuskriptseiten füllen.

Ich glaube aber nicht, daß die Zahl der Angler sehr groß sein würde, die mit dem Kauf ihrer Geräte bis zum Erscheinen eines solchen Buches warten wollte. Aus diesem Grunde wäre es auch völlig unnütz, nur zu dem Zweck noch mehr Papier zu verschwenden, um zu beweisen, wie ungeeignet die inzwischen gekauften sind. Um der Wahrheit die Ehre zu geben, möchte ich sagen, daß ich bisher noch keine meiner Ruten nur deshalb beim Gerätehändler umgetauscht habe, weil ein Autor für den Fang einer bestimmten Fischart eine bestimmte Rute in einer zentimetergenauen Länge gefordert hat.

Wenn ich heute Teleskopruten aus Hohlglas benutze, dann nur

deshalb, weil ich mir zur Zeit nichts vorstellen kann, was leichter, praktischer und insgesamt gesehen auch preiswerter wäre. Sie eignen sich genausogut zum Fang der größten wie der kleinsten Fische und neigen nur bei längerem Gebrauch dazu, in ihre einzelnen Teile auseinanderzufallen. Schuld daran trägt der Sand, der uns auf dieser Erde auf Schritt und Tritt begegnet. In Verbindung mit Wasser ergibt er eine wunderbare Schmirgelpaste, deren stetiges Reiben an den Verbindungsstellen der Rute ihre Wandung langsam dünner macht. Eines Tages kommt der unvermeidliche Augenblick, daß man beim Auseinanderziehen der Rute mehrere Teile in der Hand hat, mit denen nun auch der Fingerfertigste nichts mehr anzufangen weiß. Es liegt, wie gesagt, nicht am Preis und auch nicht am Gerätehändler, sondern nur am Sand und seinen hier nicht benötigten Eigenschaften.

Bei der Reparatur muß man die Rute restlos zerlegen. Als Arbeitsplatz eignet sich vorzüglich eine Küche, deren Besitzerin sich gerade auf einem Einkaufsbummel befindet. Über der heißen Kochplatte und mit Hilfe einer kleinen Zange lassen sich die Metallhülsen mit den daran befestigten Ringen leicht von den einzelnen Rutenteilen entfernen. Ohne Schwierigkeiten kann man nun die Rute völlig auseinandernehmen und gelangt somit an den eigentlichen Herd der Materialschwindsucht. Um die ursprüngliche Wandstärke zu erreichen, genügt es nicht, mit einem Pinsel Farbe aufzutragen. Solche Reparaturen sind nicht von langer Dauer. Als besser und wirksamer hat sich eine Behandlung mit einem Zweikomponentenkleber erwiesen, beispielsweise Uhu-plus. Nachdem man eine genügende Menge davon nach Vorschrift angerührt hat, streicht man mit einem kleinen Holzspatel die zu verdickenden Rutenteile damit ein. Um die bei normalen Temperaturen sehr lange

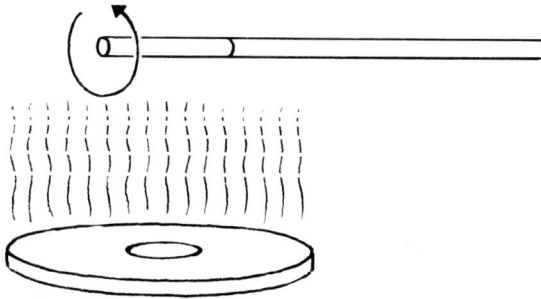

Abb. 1. Durch Drehen des Rutenteils über einer Hitzequelle erhärtet der aufgetragene Kleber sehr schnell

Aushärtezeit des Klebers stark zu reduzieren, dreht man die derart behandelten Teile einige Minuten dicht über der heißen Platte eines Elektro- oder Kohleherdes. Beachten muß man dabei, daß die Härtung erst nach Abkühlung der Teile erfolgt. Man muß also jeweils nach einigen Minuten die Hitzeeinwirkung abstellen und anschließend durch Probieren feststellen, ob die gewünschte Härte bereits erreicht ist (siehe Abb. 1). Mit einem scharfen Messer und etwas Schmirgelpapier werden dann die so behandelten Rutenteile wieder passend gemacht. Letzter Arbeitsgang bleibt das Befestigen der Rutenringe mit dem verbliebenen Rest der angerührten Masse und das Herrichten der Küche in ihren ursprünglichen Zustand. Der etwas sonderbare Geruch stört nur zu Anfang und verflüchtigt sich sehr bald.

Bevor ich nun doch noch der Versuchung erliege, die besonderen Vorzüge aller zur Zeit im Handel befindlichen Ruten zu beschreiben, verlasse ich dies heikle Thema lieber und wende mich den Rollen zu, denn erst eine Rolle macht aus einem gewöhnlichen Angelstock ein wirklich fangbereites Gerät. Ohne Rolle ergeht es einer Rute wie einem Mann, dem die Frau davongelaufen ist. Beide sind völlig hilflos, wenn es darauf ankommt.

Wer die Rolle für ein überflüssiges Wohlstandsattribut hält, kann nur an ihre vergoldete Schwester denken. Nun klafft aber zwischen der Ausführung in Gold und der zu 7,50 DM noch eine genügend große Lücke, mit deren Ausfüllung man das Kind im Manne beglücken kann. Ganz gleich aber, für welches Fabrikat man sich entscheidet und welche Konstruktionsmerkmale man vorzieht, auf Kugellager sollte man nicht verzichten, weil erst sie eine längere Lebensdauer der Rolle garantieren. Dazu gehört weiter eine gute Abschirmung gegen Schmutz. Im trockenen und sauberen Laden des Händlers funktionieren nämlich alle Rollen.

Gute Konstrukteure sorgen außerdem dafür, daß sich bei den von ihnen gebauten Rollen selbst die dünnste Schnur nicht zwischen Spule und Gehäusewandung festsetzen kann. Wer aber grundsätzlich der Meinung ist, er könne das Geld für eine Rolle sparen, dem wünsche ich für das nächste Wochenende einen besonders fetten Brocken. Schöne Reden wie „Ich bin schon mit ganz anderen fertig geworden" helfen in solchen Momenten meistens nicht.

Ob man eine einfache Achsenrolle montiert oder einer Stationärrolle den Vorzug gibt, hängt nicht alleine vom Geldbeutel ab. Auch das Gewässer, in das man seine Angel auszuwerfen gedenkt, hat hier ein wenig mitzureden. Bei kleinen Flüssen oder Teichen, deren Breite nicht größer ist als die Länge der Rute, können wir auf den Gebrauch einer Stationären verzichten. Andererseits wird jemand, der an einem größeren Gewässer weiter draußen seine Pose kreisen lassen möchte, ohne dazu ein Boot bemühen zu müssen, um ihren Erwerb nicht herumkommen. Insgesamt gesehen ist der Gebrauch einer Stationärrolle aber vorzuziehen, weil sie universeller benutzt werden kann. Dem Vorteil des weiten Werfens stehen allerdings gewisse Nachteile gegenüber. Augenfällig sind die Pumpbewegungen beim Drill großer Fische, weil die meisten Stationärrollen noch nicht die Möglichkeit bieten, ähnlich wie in einem Pkw am Berg, auch hier auf kleinere Gänge umzuschalten. Das Umschalten muß aber auch noch bei sehr starker Belastung durch einen abziehenden Fisch möglich sein, wenn es nicht wertlos sein soll.

Rücklaufsperren können ebenfalls Ärger bereiten, weil auch ihnen meistens der Konstruktionsmangel anhaftet, daß sie sich nur im unbelasteten Zustand schalten lassen. Versierte Angler nehmen deshalb lieber ein mitleidiges Lächeln ihrer Kollegen in Kauf und benutzen zum Karpfenfischen ihre alte unkomplizierte Achsenrolle. Im Falle eines Falles kann dort weder die Bügelfeder gerade dann ihre vorgeplante Stundenzahl abgefedert haben, wenn der Schnurfangbügel am nötigsten gebraucht wird, noch kann die Schnurspule auf Nimmerwiedersehen verschwinden, weil der Druckknopf zum schnellen Auswechseln der Spulen nicht richtig eingerastet war.

Eines der Hauptargumente für die Verwendung von Stationärrollen ist die eingebaute Schleifbremse – jedenfalls in der Werbung. Werbung und Praxis sind nun aber sehr verschiedene Dinge: Die Werbung will verkaufen und die Praxis fangen. Das Wasser im Munde kann einem zusammenlaufen beim Anblick der vielen bunten Prospekte, in denen auf die Vorzüge gerade der eingebauten Schleifbremse besonders hingewiesen wird. Alle Register moderner Käuferbeeinflussung werden gezogen. Man jongliert mit neuen Wortschöpfungen und schwelgt in Superlativen, bis der Angler gar nicht mehr anders kann: Er kauft.

Was man sich für seine Markstücke dann wirklich eingehandelt hat, merkt man meistens erst zu spät. Dann nämlich, wenn ein Meterfisch am Haken tobt und die Schleifbremse sich plötzlich anders verhält, als es die Prospekte vorher wahrhaben wollten. Es gibt da nämlich ein physikalisches Gesetz, das auch noch so clevere Werbetexter nicht umzustoßen vermögen. Es besagt, daß jeder Körper das Bestreben hat, in seiner einmal eingenommenen Lage zu verharren. Jeder Übergang von einer Lage in eine andere erfordert mehr Kraft, als sie zur bloßen

Aufrechterhaltung eines Zustandes benötigt wird. Um z. B. ein stehengebliebenes Auto in Bewegung zu setzen, benötigt man mehr freundliche Helfer als zum Weiterschieben des bereits rollenden. Die Schleifbremse an der Rolle weicht von dieser Gesetzmäßigkeit um keinen Deut ab. Stellt man sie nämlich auf die optimale Reißfestigkeit der benutzten Schnur ein, dann wird ein Fisch, der den Beharrungszustand der Bremse überwunden hat, sich so benehmen, wie es ihm die Gesetze der Physik vorschreiben. Das heißt, daß von der ursprünglich eingestellten Bremskraft nicht mehr sehr viel zur Verlangsamung seiner Flucht übrig geblieben ist. Lediglich die nervenaufreibenden Knarrgeräusche begleiten den Fisch bei seiner nunmehr unkontrollierten Flucht und geben die Illusion einer starken Bremsung. Natürlich kann man während des Drills die Bremseinstellung ändern, um die Fahrt des Fisches damit zu verlangsamen. Die Kraft jedoch, die bei der nächsten Flucht des Fisches zur Überwindung des nun kräftiger gewordenen Beharrungszustandes benötigt wird, übersteigt dann bisweilen die Reißfestigkeit der Schnur. Der Knall, mit dem eine derart überbeanspruchte Schnur zerfetzt wird, klingt mir von vielen Hängern noch in den Ohren. So ein Knall kann unter einen Drill einen recht makabren Schlußpunkt setzen, und kein Wort davon stand in der Werbung.

Da ich überaus empfindlich gegen Lärm bin und durch solche Knallerei beim Angeln nicht gestört werden möchte, benutze ich meine Stationäre so, als gäbe es weder Bremse noch Rücklaufsperre. Einziges unentbehrliches Requisit bleibt die Kurbel. Bei festangezogener Schleifbremse und ausgeschalteter Rücklaufsperre dreht sie vorwärts, rückwärts, wie es gerade gebraucht wird. Die Stationärrolle unterscheidet sich von der alten Achsenrolle eigentlich nur noch durch die für den Drill großer Fische unzweckmäßige Getriebeübersetzung. Inzwischen tauchen in den Gerätegeschäften die ersten Stationärrollen auf, bei denen die Bremse nicht mehr in der Schnurspule, sondern in der Kurbel angeordnet ist. Zumindest Schnurverdrehungen werden bei dieser Neukonstruktion zuverlässig verhindert.

Dagegen gibt es bisher immer noch kein wirkungsvolles Mittel gegen ein Hineinlaufen der Schnur zwischen Spule und Spulenachse. Auch die neue Rollengeneration mit überlappender Spule kann diesen Mißstand nicht beseitigen.

Bisher hat sich ein Drahtring mit eingeflochtenen Borsten, wie er z. B. bei einigen Bretton-Rollen zwischen Spule und Gehäusewandung angebracht ist, am besten bewährt.

Mein Vater fischte mit Schnüren aus Katzendarm, aus geflochtener

Seide, na eben was man damals dafür zu benutzen pflegte. Die Chemie war noch nicht so weit und die Menschheit noch skeptisch gegen jedes ihrer Produkte. Chemie, das roch nach Ersatz, und Ersatz mochte niemand. Jeder wollte das Echte und schwor darauf. Heute haben Namen wie Perlon, Nylon usw. Eingang in die Lexika gefunden und Schnüre aus solchem Material sind nicht mehr fortzudenken.

Anfangs dehnten sich solche Schnüre wie Gummi, und man hatte jederzeit eine stille Reserve zur Hand. Inzwischen hat sich einiges gewandelt, und immer neue Zusätze sollen den Schnüren Wundereigenschaften verleihen. Ich will aber keine Wunder, sondern nur eine Schnur, die hält. Schnüre, die sich keinen Millimeter dehnen lassen und ohne jede Vorwarnung plötzlich reißen, taugen trotz der vielen guten anderen Eigenschaften nichts. Mich reizen nicht die bunten Schachteln zum Kauf sondern das, was ich an Ort und Stelle probieren kann. Papier ist geduldig. Ob eine Schnur 3 kg trägt und die andere 3,1, das läßt mich daher völlig kalt. Ich frage nicht nach der Farbe und nicht nach dem Preis, sondern nur nach der mit eigener Hand geprüften Festigkeit und Dehnbarkeit in Verbindung mit einer gewissen Weichheit der Schnur. Ich will schließlich keine Geige neu besaiten, sondern meine Schnur später auf der Rolle behalten. Auch dann noch, wenn der Bügel aufgeklappt ist und kein Fisch die Leine spannt. Schnüre, die nur deshalb ein Zehntel kg mehr tragen, weil sie so hart wie Stahldraht sind und dadurch in großen Klängen von der Rolle springen, würde ich nicht einmal geschenkt annehmen.

Da sich bei den monofilen Schnüren die Steifheit mit zunehmenden Durchmessern steigert, gehe ich nur in Ausnahmefällen über eine Stärke von 0,35 mm hinaus. Die Tragfähigkeit liegt hier bei rund 5 kg, und damit sollte man jedem Süßwasserfisch den Weg aufs Trockene zeigen können. In besonders gelagerten Fällen sind aber Schnurstärken von 0,40 bis 0,50 mm durchaus noch üblich. Wie man diese Schnüre so auf die Rollenspule bringt, daß keine Schnurverdrehungen entstehen können, darüber haben sich schon viele den Kopf zerbrochen. Am einfachsten geht es immer noch so, daß man die Schnur direkt von der flachliegenden Originalspule ab- und auf die Schnurtrommel der Rolle aufwickelt. Man muß nur darauf achten, daß Ab- und Aufwickelrichtung übereinstimmen. Perücken entstehen fast immer durch unsachgemäßes Aufwickeln der Schnur; schon aus diesem Grunde lohnt sich das bißchen Mühe durchaus.

Schnüre, die länger als ein Jahr auf der Rolle bleiben, neigen dazu, sich ihre Windungen gegenseitig einzudrücken. In solchen Fällen hilft dann auch kein Rückwärtsaufspulen mehr, die Schnur gehört in den Mülleimer.

Je mehr Schnur beim Drill von der Rolle abgezogen wird, um so größer ist die Sicherheit bei plötzlichen Fluchten des Fisches. Am anfälligsten gegen Bruch ist die Schnur bei kurzen Entfernungen zwischen Fisch und Rolle. Aus diesem Grunde drille ich die „Großen" immer möglichst weit vom eigenen Standpunkt entfernt und lasse mir auch nicht von Besserwissern dreinreden.

So versuchte vor Jahren einmal ein Angler, mir den Drill eines 20pfünders durch seine Rede zu versüßen. Er wußte genau, was ich alles tun sollte, hatte allerdings den Fisch noch nicht gesehen. Sein erstauntes Gesicht beim Anblick des dann sicher gelandeten Burschen bewies aber sehr schnell, daß er selbst in seinem Leben noch keinen so großen Fisch an der Angel gehabt hatte. Woher er seinen Mut zu den seltsamen Ratschlägen nahm, ist mir bis heute unerfindlich geblieben.

Das Stückchen Schnur, an dem man seinen Haken befestigen möchte, nennt man Vorfach. Um es gleich vorwegzunehmen: Ich knüpfe meine Haken ohne Hemmungen direkt an die Hauptschnur und verstoße dabei bewußt gegen althergebrachte Anglergrundsätze. Ich meine, jeder Knoten in der Schnur ist vom Übel. Knoten stören das harmonische Gefüge und setzen die Tragfähigkeit der Schnur bedeutend herab. Nimmt man dazu noch ein Vorfach mit geringerem Durchmesser, dann frage ich mich voller Zweifel, warum man überhaupt eins verwendet. Doch sicher nicht aus Angst, bei einem Hänger ein paar Meter Schnur zu verlieren. Ich verliere lieber einige Ringe Schnur von meiner Rolle als einen Fisch. Ich angle ja nicht, um mit einer jederzeit genau 100 m langen Schnur imponieren zu können, sondern um Fische zu fangen, und zwar auch dann noch, wenn der Knoten bei anderen Anglern nicht mehr hält. Ungern höre ich es, wenn jemand beim Drill eines größeren Fisches fortwährend über sein zu dünnes Vorfach jammert. Fast könnte man meinen, er nimmt das dünne Vorfach nur, um sich nach mißglückter Landung rechtfertigen zu können.

Eines jedenfalls steht fest: Meine 35er Schnur ist auch am Haken noch von gleicher Stärke.

Nach diesem „Loblied" auf das Vorfach ist hoffentlich nicht der völlig falsche Eindruck entstanden, Vorfächer wären samt und sonders überflüssig. In manchen Fällen kann man nicht auf sie verzichten, worüber an anderer Stelle noch zu lesen sein wird.

Die Bleibeschwerung an Schnur und Vorfach führt dort ein mehr oder minder unscheinbares Dasein und dringt erst dann in unser

Bewußtsein, wenn sie einmal nicht mehr stimmt. Blei und Pose sollen nämlich ein sehr ausgewogenes Zweigespann bilden. Nicht zuviel und nicht zuwenig, das ist hier die Regel. Leider hapert es aber gerade in diesem Punkt an vielen Angeln sehr. Dabei ist der Nutzen größerer Sorgfalt gerade hier bedeutend höher als der zeitliche Aufwand, meine größte Aufmerksamkeit gilt deshalb immer der richtigen Abstimmung von Bleibeschwerung und Pose. Je nach Verwendungszweck ist das Blei lose auf der Schnur oder festgeklemmt. Immer aber ist es genau die richtige Menge, und das scheint mir das wichtigste zu sein. Die geheimnisumwobenen Massenfänge mancher Meisterfischer haben gewöhnlich hier ihre Ursache und nicht in irgendwelchen phantastischen Köderrezepten, wie es vielerorts noch geglaubt wird. Solche Köderrezepte füllen nur den Beutel des Herstellers, seltener aber den des Käufers, denn Fische, die nicht fressen wollen, lassen sich dazu auch nicht von orientalisch klingenden Namen überreden. Schon seit alters her werden Fische daher am besten mit solchen Ködern gefangen, wie sie von Natur aus im Gewässer vorhanden sind. Daneben kann man durch regelmäßiges Einwerfen anderer Köder die Fische auch an gewässerfremde Stoffe gewöhnen. Eines allerdings steht fest; je mehr etwas duftet, um so eher wird es auch gefunden, aber nur von Fischen, die auf Futtersuche umherschwimmen. Schlafende Fische kümmern sich um noch so teure Wundermittel nicht. Um dem Köder starkriechende Bestandteile beizumengen, braucht man nicht sehr weit zu laufen. Das in jeder besseren Schuhcreme enthaltene Terpentin genügt, um damit zentnerschwere Köderballen duftspendend zu machen. Mein Vater nahm immer eine Messerspitze davon auf eine Scheibe Brot, natürlich nicht gerade von der schwarzen Creme. Daß man bei entsprechender Beißlust mit solchen starkduftenden Ködern mehr fangen kann als mit anderen, liegt auf der Hand, denn die Fische finden dank ihrer guten Nase so behandelte Köder viel schneller. Es muß aber nicht unbedingt Terpentin sein. Mit gleichem Erfolg habe ich schon mit sauren Kartoffeln, schimmeligem Brot und anderen starkduftenden Ködern gute Fänge gemacht. Fische halten es in dieser Hinsicht mit den Hunden; je mehr etwas für menschliche Nasen widerlich riecht, um so größer ist ihr Vergnügen daran. Maden stellen wohl in bezug auf ihre Geruchsintensität das Schlimmste dar was es für Anglernasen gibt. Dennoch fängt man oftmals mehr damit, als mit weniger starkduftenden Ködern.

Angelhaken dienen nicht nur zur Befestigung des Köders, sondern auch als Wegweiser für den gehakten Fisch. Indem er nämlich immer diesem Haken folgt, landet er mit Sicherheit in unserem Kescher.

Abb. 2. Erst jetzt sollte der Seufzer der Erleichterung kommen. Photo: W. Witters

Deshalb kommt auch den unterschiedlichen Haken eine nicht geringe Bedeutung zu. Vor jedem Anknüpfen mache ich die Hakenprobe, besonders aber, seit mir einmal ein großer Karpfen den Haken geradegebogen hat. Der Haken war nicht gehärtet, und meine anschließende Reklamation brachte mir den Karpfen auch nicht wieder zurück. Die Hakenprobe macht man am besten an einem größeren Stück Blei. Die Hakenspitze wird hineingepiekt und dann wird am Hakenschenkel gebogen. Dabei darf der Haken weder brechen noch aufbiegen. Er muß je nach Größe eine gewisse Federwirkung erkennen lassen, und erst nach bestandener Probe sollte er an die Schnur geknüpft werden.

Dünndrähtige Haken sind schärfer als solche aus dickem Draht und solche mit geschränkter Spitze fängiger als geradestehende. Ob Öhr oder Plättchen ist mir gleich. Ich achte nur darauf, daß die Kanten des Plättchens nicht so scharf wie eine Messerschneide sind. Spurloses Verschwinden von Fischen mitsamt dem Haken findet hier oft seine Erklärung.

Wer ohne Kescher oder Gaffhaken auskommt, angelt entweder in einem Gewässer, wo Fische über ein Pfund Gewicht nicht vorzukommen pflegen, oder aber er macht am Wasser derartigen Lärm, daß alle Großen ohnehin panikartig vor ihm die Flucht ergreifen und eine Landehilfe sich von selbst erübrigt.

Keschernetze müssen aus Kunstgarn hergestellt sein, wenn man nicht will, daß Fische unten schneller wieder herausfallen, als man sie oben hineinbekommen hat. Bei der Größe des Keschernetzes ist falsche Sparsamkeit fehl am Platze, denn kleine Fische kann man notfalls auch mit der Hand ergreifen. Man benötigt den Kescher nicht unbedingt zur Landung eines zweipfündigen Brassens, wohl aber, um einen Karpfen von 10 kg trockenlegen zu können.

Richtige Kescherführung will gekonnt sein, deshalb gucke ich mir die Leute genau an, denen ich im Bedarfsfall das Landegerät in die Hand drücke. Im Zweifelsfall ist es immer noch besser, sich selbst mit dem Kescher zu beschäftigen, ehe man durch die Unachtsamkeit eines anderen evtl. einem Rekordfisch nachtrauern muß. Der Kescher gehört ins Wasser, noch ehe der Fisch in Sichtweite ist. Nicht nur, daß dadurch das trockene und daher meist sehr steife Netz genügend Zeit zum Weichen hat, auch für den Fisch ist das besser, weil ihn nichts erschrecken kann, was sonst viel zu hastig vor seiner Nase ins Wasser geplanscht wird. Es ist Sache des Anglers, den Fisch über den ruhig gehaltenen Kescher zu führen und nicht umgekehrt Sache des Keschernden, den flüchtenden Fisch mit dem Kescher zu verfolgen.

Für sehr große Fische benutzt man besser einen Gaffhaken. Seine Spitze muß so scharf sein, daß man ihn nicht ohne schmerzhaftes Eindringen ins Fleisch mit seiner Spitze auf dem gestreckten Finger hängen lassen kann. Nur dann durchsticht die Spitze auch die harten Schuppen des Fisches und rutscht nicht daran ab, wie es bei stumpfen Gaffhaken die Regel ist.

Ungeschützte Spitzen von Gaffhaken haben die unangenehme Eigenschaft, sich in empfindliche menschliche Körperteile zu bohren. Ein nicht zu kleiner Kork auf der Gaffspitze, den man gegen Verlieren mit einer Schnur gesichert hat, hilft solche Pannen zu vermeiden.

Hat man nach dem Anhieb den Eindruck, einen Anwärter für die nächste Ausgabe des Lokalblättchens im Drill zu haben, ist unverzüglich der Kescher oder das Gaff in die Hand zu nehmen, auch wenn das Schwierigkeiten bereiten sollte. Besser ist es natürlich, wenn man beide vorher schon mit einem Karabinerhaken versehen hatte, der ein Anhängen an den Gurt erlaubt. Nach einer halben Stunde Drill findet man sich nämlich oft in einer Gegend wieder, wo man eigentlich nichts verloren hat, und Landehilfen, die dann auf den Pfiff der Hundepfeife angelaufen kommen, gibt es leider noch nicht.

Was man im Sitzen bewerkstelligen kann, sollte man nicht im Stehen machen. Deshalb ist es von Vorteil, einen Klappstuhl mit ans Wasser zu nehmen. Stoffbezüge taugen bei Klappstühlen nicht sehr viel, weil sie durch die ständige Feuchtigkeit bald verrotten. Hier hilft eine Bespannung aus synthetischen Fasern. Anglerstühle sollten am unteren Ende der Füße durch eine Querstrebe verbunden sein, weil man andernfalls beim Sitzen auf weichem Untergrund im Laufe eines Tages immer tiefer einsinkt.

Querstreben können das in extremen Fällen zwar auch nicht ganz verhindern, aber sie erschweren es doch ungemein. Ich möchte meinen Stuhl nicht missen und führe ihn deshalb immer mit, bis auf die Fälle, da ich mit dem „Blechfisch" unterwegs bin. Dann hat er selbstverständlich Ruh.

Eine Zange, die auch Draht zerschneidet, liegt immer griffbereit in meiner Tasche. Nicht etwa, weil ich damit den Stacheldrahtzäunen zu Leibe rücken will, sondern weil mir einmal die Spitze eines Drillingshakens bis über den Widerhaken ins Fleisch gedrungen war, wobei mir diese Zange damals wirklich fehlte. So mußte ich einen Arzt bemühen, der sich wunderte, weil am Haken noch der große Heintz dranhing, den ich mit einer Hand und bei den heftigen Schmerzen nicht vom Haken abmachen konnte.

Hakenlöser, Rachensperrer, Metermaß und Waage teilen sich den restlichen Platz in meiner Tasche, und wenn ich diese gelegentlich reinige, fallen mir noch so einige Dinge entgegen, von denen ich nicht weiß, ob sie auch anderen von Nutzen sein könnten. Wollte man allerdings für alle Fälle gerüstet sein, müßte man seinen Gerätehändler schon bitten, uns mit seinem Kombi ans Gewässer zu begleiten. Es ist allerdings zweifelhaft, ob das mit in dem Preis für das Päckchen Haken enthalten ist, das wir vor Angelbeginn noch schnell bei ihm gekauft haben.

Wer mir nun vorwirft, ich hätte bisher mit keinem Wort erwähnt, daß auch Posen notwendigerweise zur Angelausrüstung gehören, dem muß ich Dank sagen für seine Aufmerksamkeit, beweist er doch damit, daß er dieses Kapitel trotz seiner nicht zu vermeidenden Länge bis zum Schluß gelesen hat.

Ich habe die Posen bewußt ausgelassen, weil sie unumgängliches Beiwerk jeder erfolgreichen Angeltechnik sind und daher dorthin gehören, wo man auf sie zurückgreifen muß, will man den Leser nicht zwingen, zwischen den einzelnen Seiten des Buches unaufhörlich auf der Suche nach dem jeweils richtigen Schwimmer zu sein.

Bevor nun aber jemand anfängt, nach der teuersten Rute Ausschau zu halten, sollte er es zunächst besser meinem Vater gleichtun und sich aus Blei und Kork einen sogenannten Grundsucher basteln. Ein Lotblei war ihm nämlich stets wichtiger als die Rute, und deshalb steht es nicht am Anfang sondern am Ende dieses Kapitels.

Lotbleie gibt es in allen nur denkbaren Variationen zu kaufen. Man sollte daher von dieser Möglichkeit regen Gebrauch machen und sich vorsorglich einen kleinen Vorrat anschaffen. Der Boden vieler Gewässer hat bisweilen vertrackte Ähnlichkeit mit einem Schuttablageplatz. Nur Glückspilze bleiben beim Ausloten der Wassertiefe an einem fabrikneuen Fahrrad hängen, der Rest kauft ständig neue Lotbleie.

In welcher Tiefe?

Lüftet man ein wenig den Schleier der Geheimniskrämerei, hinter dem sich außergewöhnliche Angelerfolge so gern verbergen, dann bleiben normalerweise nur einige wenige Fakten zurück, die, bei Licht besehen und richtig angewandt, auch bei anderen Anglern zu ähnlichen Ergebnissen führen müssen. In jedem Angler steckt jedoch ein wenig Aberglaube, der ihn eher geneigt macht, an sogenannte Zigeunergeheimnisse zu glauben, wenn er von außergewöhnlichen Angelerfolgen hört als daran, daß alles mit rechten Dingen zugegangen sein könnte. In Wirklichkeit hängt der Erfolg am Wasser nur von der richtigen Beantwortung von vier Fragen ab. Wer auf das Wann, Wo, Womit und Wie jederzeit die genau richtige Antwort parat hat, muß einfach Erfolg haben. Glücklicherweise gibt es nun jedoch nicht einen einzigen angler, der sich solch genialer Fähigkeiten rühmen könnte. Oftmals tippt eben auch der Meister daneben. Sehr zur Freude seiner Kollegen übrigens, die ihm solchen Reinfall nur zu gern gönnen. Es bleiben trotzdem noch genügend Tage, an denen er diese Schlappe wieder wettmachen wird, weil ihn der Mißerfolg anspornt, nach dessen Ursache zu forschen.

Selbst wenn man auf drei der oben genannten Fragen die richtige Antwort wußte und sich zur rechten Zeit am richtigen Platz mit dem passenden Köder eingefunden hat, kann man als „Schneider" nach Hause gehen, wenn man dem Wie nicht die Sorgfalt angedeihen läßt, die ihm zukommt. Dieses Wie steht hier nämlich stellvertretend für die ganze Frage und sie lautet: Wie tief muß man den Köder anbieten? Man kann ihre Beantwortung nicht durch einen flüchtigen Blick auf die Tiefeneinstellung des Nachbarn ersetzen. Die Angeltiefe des Nachbarn kann durchaus stimmen, man kann sie aber nicht so ohne weiteres auf den eigenen Angelplatz übertragen, selbst dann nicht, wenn man in nächster Nähe dieses Nachbarn fischt.

Erst dann, wenn man selbst am eigenen Angelplatz die Wassertiefe mit einem kleinen Bleilot ausgemessen hat, kann man den Köder so präzise anbieten, wie es notwendig ist. Bei einigen Fischarten kommt es dabei auf den Zentimeter an. Wer wollte schon von sich behaupten, ein so gutes Augenmaß zu besitzen, daß es ihn befähigt, ohne ein Lot auszukommen.

Jede Fischart verlangt die ihr zukommende Angeltiefe, wobei noch zu bedenken ist, daß sie von Mal zu Mal verschieden sein kann. In den einzelnen Kapiteln habe ich versucht, diese Frage so gut zu beantworten, wie es in einer so schwierigen Angelegenheit überhaupt möglich ist.

Es ist aber schon eine große Hilfe, wenn man die ungefähre Tiefe kennt, in der man die zu beangelnden Fische suchen muß. Die Feineinstellung läßt sich dann nämlich viel leichter erreichen. Einen gewissen Anhaltspunkt gibt uns dabei die Maulstellung der jeweiligen Fischarten. So haben z. B. fast alle Fische, die ihre Nahrung am Grund suchen, auch ein diesem Zweck sehr gut angepaßtes Maul. Dabei ist der Oberkiefer etwas länger als der Unterkiefer, wie man es sehr schön bei Brassen, Barben, Gründlingen usw. beobachten kann. Diese Fische werden daher in der Regel mit auf dem Grund aufliegenden Köder gefangen.

Rotaugen, Güstern, Döbel und andere haben gleichlange Kiefer, weil sie ihre Nahrung im allgemeinen nicht vom Grund aufnehmen. Rotaugen z. B. nehmen als Nahrung gern das frei im Wasser schwimmende Plankton. Solche Fischarten fängt man deshalb überwiegend mit über dem Grund schwebenden Ködern. Fische, deren Unterkiefer länger als der Oberkiefer ist, suchen ihre Nahrung hauptsächlich an der Oberfläche. Ein markanter Vertreter dieser Gruppe ist die Rotfeder. Für diese Fischarten wird der Köder überwiegend direkt auf der Oberfläce schwimmend oder ein wenig darunter angeboten.

Je näher zur Oberfläche man den Köder anbietet, um so mehr muß man auch mit dem angeborenen Mißtrauen der Fische rechnen. Was in der mehr oder weniger großen Dunkelheit der Tiefe ohne weiteres von ihnen akzeptiert wird, kann an der Oberfläche zum Mißerfolg führen. Durch Einwurf von schwimmfähigem Lockfutter läßt sich das Mißtrauen allerdings etwas besänftigen. So habe ich z. B. am Chiemsee an einem frühen Sommermorgen über 30 Pfd. großer Rotfedern im Stückgewicht bis zu eineinhalb Pfund in unmittelbarer Ufernähe dadurch ihre Scheu genommen, daß ich ein halbes Weißbrot opferte. Nach dem Einwurf der trockenen und ziemlich großen Brocken schien das Wasser zu kochen. Dabei bemerkten die übrigen überhaupt nicht, wie Fisch um Fisch mit Hilfe eines schwimmend angebotenen Krustenköders aus ihrer Mitte verschwand. Nachdem das Weißbrot restlos aufgefressen war, kamen auch die Bisse seltener, obwohl noch genug Fische in der Nähe waren. Ich konnte sie ja deutlich in dem klaren Wasser sehen. Es war nun aber nichts mehr vorhanden, was sie hätte ablenken können, so daß sie dem angebotenen Köder wieder mit dem üblichen Mißtrauen begegneten.

Besondere Bedeutung kommt der richtigen Angeltiefe auch beim Raubfischfang zu. Raubfische stehen je nach Aufenthaltsort ihrer Futterfische näher zum Grund oder mehr im Mittelwasser. Manche Raubfische, wie z. B. Barsche, können sich gelegentlich sogar dicht unter der Wasseroberfläche aufhalten. Als Faustregel kann man sagen, daß die richtige Angeltiefe für den Rotaugenfang zugleich auch einen Anhalt für die Tiefeneinstellung der Hechtangel bietet, denn beide Fischarten

31

sind selten weit voneinander entfernt, wie überhaupt die Tiefe, in der die Friedfische sich aufhalten, Hinweise für die richtige Angeltiefe auf ihre Feinde, die Raubfische, gibt. Da sich der Aufenthaltsort der Friedfische aber wiederum nach der Tiefe richtet, in der sie das größte Nahrungsangebot vorfinden, und dies wiederum von den Temperaturverhältnissen abhängt, ist es mitunter nicht so leicht, auf Anhieb die richtige Angeltiefe zu finden, besonders dann nicht, wenn man in trüben Gewässern fischen muß. Oftmals helfen nur Erfahrungswerte, manchmal auch ein Echolotol. Es ist aber gut, daß immer noch ein kleiner Unsicherheitsfaktor bleibt, denn sonst würden wir ganz nach Belieben Fische fangen können, und das Angeln wäre reizlos.

Mit den Barschen fängt es an

Meine Familie erwartete Besuch, und wie das in solchen Fällen üblich ist, mußten zu seiner Bewirtung Fische her. Wer einen Sportfischer mit seinem Erscheinen beehrt, erwartet von dessen Küche eben mehr als nur ein Linsengericht. Es steht also für den Gastgeber allerlei auf dem Spiel. Mit hergezeigten Fotos aus dem sorgsam gehüteten Album kann man seine Gäste schließlich nicht satt machen. Kommt man am Ende gar ohne Fische von der Angeltour zurück, dann glauben die Gäste womöglich selbst den Fotos nicht mehr, und mit einem mitleidigen Lächeln versichern sie, daß sie doch nicht der Fische wegen gekommen seien.

Besuche, gleich welcher Art, sind kritische Punkte im Leben eines Anglers, denn jetzt muß er Farbe bekennen. Keine noch so spannend erzählte Geschichte von vergangenen Anglertagen kann den Gästen imponieren, wenn nicht auf der Stelle der Beweis für das anglerische Können angetreten werden kann. Wohl dem, der in solchen Fällen ein paar Fische aus dem Beutel schütteln kann, und seien sie auch noch so winzig.

Mein Vater wußte, wie er bei solchen Gelegenheiten vorzugehen hatte. Ehe auf Grund leichtsinniger Experimente den Besucheraugen weder der ersehnte Zander noch der begehrte Hecht präsentiert werden konnte, ging er lieber auf „Nummer Sicher" und angelte Barsche. Mit kleinen Rotwürmern bewaffnet zog er zu den Bootsanlegestegen, wo man bei klarem Wetter Schwärme von Barschen ausmachen konnte. Zwar waren es keine Kapitalen – 5 von ihnen hatten meist Mühe, den Zeiger an Mutters alter Küchenwaage bis zur 1-Pfund-Marke zu ziehen – aber es waren Fische, und lediglich darauf kam es in diesem Falle an. Wenn sie braunknusprig und dampfend dem Räucherofen entnommen wurden, wenn fetttriefende Finger einen nach dem anderen in seine Bestandteile zerlegten und vielstimmiges Mmmh und Ooooh diesen Vorgang begleitete, dann hatte kaum noch jemand Augen für die Größe der Fische, sondern höchstens für ihre Zahl.

Wen wundert es, wenn ich bei ähnlichen Vorkommnissen auf solche Erinnerungen zurückgreife. Hierbei bin ich bisher nicht schlecht gefahren. Wer nach dieser Einleitung aber glaubt, Barsche gehörten zu den am leichtesten zu fangenden Fischen, den muß ich enttäuschen. Zwar

Abb. 3. Der Barsch – ein stets dankbarer Sportfisch. Photo: D. Bernsdorff

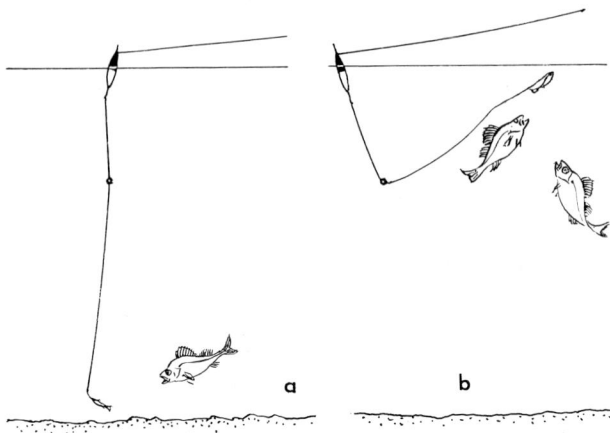

Abb. 4. a. Bleibeschwerung auf ¹/₃ der eingestellten Tiefe. b. Fluchtmöglichkeit des Köderfisches an die Oberfläche

macht selbst der Anfänger recht häufig mit ihnen Bekanntschaft, aber eben nur in ihrem Jugendstadium. Die größeren machen sich rar und geben selbst den Experten Rätsel über Rätsel auf. Da versagen alle Tricks und Kniffe, da helfen weder Gründlinge noch inbrünstige Bitten an unseren Schutzpatron.

Mehr als einmal habe ich im klaren Wasser beobachten können, wie große Barsche den kleinen Köderfisch an meiner Angel umschwammen, ihn wohl gelegentlich sogar sehr zaghaft am Schwanz griffen, aber im letzten Moment aus unerklärlichen Gründen doch nicht richtig zufaßten. Es war zum Verzweifeln; da kamen die kapitalsten Burschen hinter dem hochgezogenen Fisch hergeschwommen, ließen es aber am entscheidenden Satz, mit dem sie den Fisch hätten greifen können, fehlen. Sie hatten eben Lunte gerochen.

Barsche sind gewohnt, daß ihre Opfer vor ihnen Reißaus nehmen. Es macht ihnen Spaß, den Jäger zu spielen und Dank ihrer Schnelligkeit, die man ihren verhältnismäßig plumpen Körpern kaum zutraut, sind sie immer schon eher am Ziel, als der auf der Flucht vor ihnen in langen Sätzen aus dem Wasser springende Beutefisch. Sie halten es in dieser Hinsicht mit den Katzen, die eine regungslos vor ihnen liegende Maus auch so lange mit der Pfote anstupsen, bis diese wieder flüchtet. Erst dann setzen sie nach, bis die völlige Ermattung der Maus diesem grausamen Spiel ein Ende setzt.

Es hat nur dieser Überlegung bedurft, um zu erkennen, daß die

Fluchtmöglichkeit des auserkorenen Beutefisches auch bei den Barschen die entscheidende Rolle spielt. Ein in üblicher Weise angeködeter Fisch hat nämlich durch die in seiner Nähe befindliche Bleibeschwerung keine Möglichkeit, einem angreifenden Barsch noch die Illusion einer Flucht zu bieten. Meistens ist er dazu auch durch seine mehr oder weniger langen Befreiungsversuche schon so ermattet, daß ihm zum Flüchten jegliche Kraft fehlt. Auf diese Weise übt er auf seine Verfolger keinerlei Reizwirkung mehr aus und so erklärt sich auch das Anstupsen des Fischchens mit dem Maul. Dadurch wollen die Räuber eine Flucht ihres Opfers erzwingen. Erfolgt diese aus den bekannten Gründen nicht, erlahmt ihr Interesse sehr schnell. Nur einige Handgriffe am Gerät gehörten dazu, um hier Abhilfe zu schaffen. Wie die Abb. 4 zeigt, habe ich die Bleibeschwerung an meiner Barschangel sehr weit nach oben geschoben, auf etwa ein Drittel der eingestellten Wassertiefe.

Dadurch erreiche ich das gewünschte Ziel: Der angreifende Barsch findet einen flüchtenden Beutefisch vor. Außer dem nicht zu großen Haken und der verhältnismäßig dünnen Schnur gibt es jetzt nichts mehr, was den Köderfisch an einer Flucht hindern könnte. Er hat so viel Bewegungsfreiheit, daß er die Oberfläche erreichen kann, und hier ereilt ihn dann meistens sein Schicksal. Wenn man beim Barschangeln eine zweite Rute fertig montiert bereithält, kann man oft sehr gute Beute machen, denn Barsche rauben nicht allein, sondern immer in Gemeinschaft. Einem wild an der Angel kämpfenden Barsch folgen meist mehrere seiner Artgenossen. Wirft man die bereits geköderte zweite Angel den raubgierigen Burschen vor die Nase, werden sie nicht zögern, sofort zuzupacken. Nur in diesem Falle greifen sie einen Beutefisch blindlings und ohne nähere Prüfung an (s. Abb. 5).

Sowie sich die Barsche wieder in die Tiefe zurückgezogen haben, ist es mit der Raubgier meistens vorbei. Man kann in solchen Fällen oft

Abb. 5. Das Lärmen eines gehakten Barsches lockt seine meist noch größeren Artgenossen an die Oberfläche. Hier kommt die 2. Rute zum Einsatz

lange warten, bis wieder ein Anbiß erfolgt. Aus diesem Grunde lohnt es sich, wenn man beim Angeln die Augen offenhält und auf raubende Barsche achtet. Wenn man es geschickt anstellt, kann man einen Schwarm dieser Räuber sehr stark dezimieren. So erinnere ich mich recht gut an einen Herbsttag vor einem Jahr, als ich durch sinnvollen Einsatz meiner beiden Ruten 50 gute Barsche aus einem einzigen Schwarm herausfangen konnte. Natürlich darf man beim Hantieren mit den Ruten nicht zu langsam sein. Es muß alles sehr fix gehen, um die Fische in Beißlaune zu halten. Als Köder benutze ich mit Vorliebe kleine Hasel von etwa 5 cm Länge. Mit der Senke kann man oft große Mengen davon erbeuten. Gründlinge sind natürlich noch besser geeignet, sind aber leider nicht in jedem Gewässer in ausreichender Menge vorhanden. Sehr gute Köder geben auch Kleinbarsche, doch sind auch sie meist nur in begrenzten Mengen zu haben. Mit kleineren Kaulbarschen gelingt es, selbst die kapitalsten Barsche zum Anbiß zu bewegen. Von den Kaulbarschen läßt sich in den Abendstunden in der Regel ein guter Vorrat fangen. Um zu verhindern, daß diese kleinen Vertreter der Familie Barsch den Haken zu tief verschlucken, fische ich nur mit kleinen Wurmstücken und schlage beim Anbiß sofort an. Natürlich darf die Schnur vor dem Haken nicht zu lang auf dem Boden aufliegen, weil sonst die Bisse erst dann sichtbar werden, wenn das Unglück schon geschehen ist.

Kleine Rotaugen sind auch sehr gut geeignet, jedoch nur an Tagen, wo die Barsche wie wild beißen. Diese Tage aber kann man im Kalender rot anstreichen.

Auch Rot- und Tauwürmer sind gute Köder zum Barschfang. Besonders im Frühjahr werden jährlich viele Barsche an Wurmködern gefangen. Man kann Würmer sowohl am Grund als auch an der Posenangel schwebend anbieten.

Den Haken muß man der Größe der Köderfische, nicht aber der Größe der Barsche, die man fangen möchte, anpassen. Ein zu großer Haken hindert nämlich das kleine Fischchen ebenso an der Flucht wie eine dicke Bleikugel, so daß also beides von Übel ist. Meistens reicht ein Haken der Größe 8 aus, nur bei sehr großen Köderfischen gehe ich bis zur Größe 6 hinauf. Es ist überhaupt ein Irrtum, wenn man größeren Haken auch eine größere Fängigkeit zuschreibt. Kleine, dünndrähtige Haken sind meistens schärfer als große, die naturgemäß aus viel dickerem Draht hergestellt werden müssen, und ein kleiner Haken, der bis über den Widerhaken eingedrungen ist, hält im Fischmaul besser als ein großer, der nur mit seiner Spitze hängt.

Sind Barsche wirklich zum Fressen aufgelegt, geht das Verschlingen der Beute so schnell vor sich, daß man mit dem Anhieb selten zu früh kommt. Meistens haben sie den Köder verschluckt und man hat Mühe, den Haken aus dem Schlund zu lösen. Natürlich führt man so eine Operation nicht am lebenden Fisch durch, sondern schlägt ihn vorher ab.

Wo Barsche vorkommen, bereitet es keine Mühe, ihre Standplätze zu finden, wenigstens die Plätze der kleineren Exemplare. Überall dort, wo in den Krautregionen des Ufers sich die Fischbrut tummelt, sind auch Barsche vertreten. Oft scheint das Wasser an solchen Stellen zu kochen, wenn die Räuber wie Pfeile durch den aufgeschreckten Friedfischschwarm schießen. Es ist ein Wunder, daß sie inmitten dieser riesigen Zahl von Fischen den einen an der Angel finden. Da aber die Jungfische oft dicht unter der Oberfläche stehen, während das darunterliegende Gebiet völlig fischleer ist, erregt ein in der Tiefe angebotener Köder naturgemäß sofort die Aufmerksamkeit der Räuber und wird eher von ihnen angegriffen. Barsche, die unter solchen Fischbrutschwärmen stehen, wiegen selten mehr als 250 g.

Die größeren Stücke stellen an das Format ihrer Beutefische entsprechend höhere Ansprüche. Sie suchen sich daher Fischschwärme in einer ihnen zusagenden Größe der Einzelexemplare aus, und sehr oft finden sie diese in den Schwärmen der etwa fingerlangen Ukeleis oder Schneider. Als Oberflächenbewohner halten sich diese Fische über den tieferen Teilen des Gewässers, also meistens weit vom Ufer entfernt, auf. Dort muß man daher auch die größeren Barsche suchen. Ihre Anwesenheit verrät sich durch die langen Fluchtsprünge der Beutefische, die meistens sternförmig von einer Stelle aus ihren Ursprung nehmen. Genau in das Zentrum des Aufruhrs sollte der Wurf der mit einem etwa fingerlangen Fischchen beköderten Angel gehen.

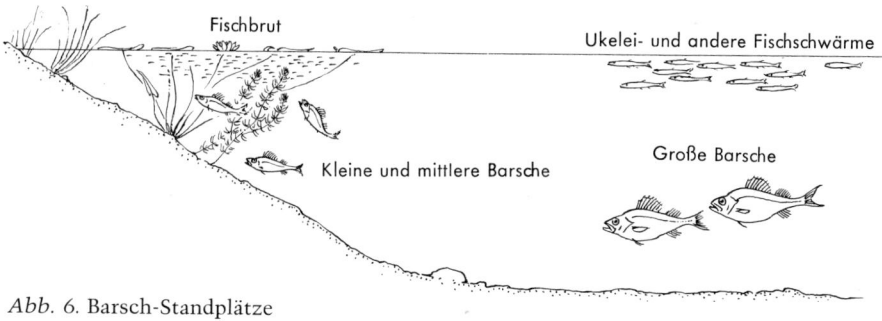

Fischbrut

Ukelei- und andere Fischschwärme

Kleine und mittlere Barsche

Große Barsche

Abb. 6. Barsch-Standplätze

Die ganz großen Barsche halten sich ähnlich wie Zander in der Nähe von Sandbänken auf. Hier gehen sie manchmal auf Köderfische, die eigentlich nicht für sie bestimmt waren. Auf diese Weise fing ich einmal einen dreipfündigen Barsch an einer verhältnismäßig großen Güster, die ursprünglich einem Hecht zugedacht war.

Wer Geduld und Ausdauer auf die Probe stellen will, sollte sich auf große Barsche ansetzen. Sie lohnen die aufgewendete Mühe bestimmt.

Köderfische, kein Problem

Köderfische gehören zum Raubfischfang wie der Bart zum Mann. Der Unterschied besteht nur darin, daß man sich um die Erstgenannten schwer bemühen muß, während der Bart von selbst kommt. Dabei kenne ich nur zwei Möglichkeiten, um in den Besitz dieser unentbehrlichen Tierchen zu gelangen. Entweder man fängt sie sich selber oder man kauft sie beim nächsten Gerätehändler. Während das eine Spaß macht, kostet das andere eine Stange Geld. Und das kann man für nützlichere Dinge ausgeben, eine neue Rute zum Beispiel oder die Traumrolle aus dem Katalog, den uns der Postbote letzte Woche in den Kasten warf.

Früher fing ich meine Köderfische mit der Angel. Nicht etwa mit der, die mir auch den Nachschub für die Bratpfanne lieferte, sondern mit einer Spezialrute, mit der ich nur Köderfische und sonst nichts fing und wegen der Feinheit der Schnur und der Kleinheit des Hakens auch wohl nichts anderes fangen konnte. Das war so ein kleines, handliches und leichtes Ding von weniger als drei Metern Länge, von dessen Spitze sich ein ultradünnes Schnürchen zu einem mikrokleinen Haken schlängelte. Der Schwimmer hatte Streichholzgröße. Auf winzigkleine Brotkügelchen fing ich manchmal bis zu 30 wunderbare Köderfische in einer halben Stunde, wenn sie bissen. Wenn sie nicht bissen, war guter Rat teuer, denn zaubern konnte ich leider nicht.

Ein Senknetz mußte her, und zwar sofort. Mit einem Senknetz kann man immer Köderfische beschaffen, das glaubte ich jedenfalls, weil ich es bei Angelfreunden so gehört hatte. Das Senknetz war schneller beschafft als die Köderfische, deretwegen ich es schließlich gekauft hatte. Ich zog Kilometer am Ufer entlang und hatte den Eindruck, nach jeder Fangunternehmung um zehn Pfund leichter geworden zu sein, ohne daß sich der Köderkessel aber merklich gefüllt hätte. Ein Senknetz besteht theoretisch zwar nur aus Löchern und müßte daher mit Leichtigkeit emporgezogen werden können. Praktisch aber kostet das Emporziehen Schweiß, und der will erst einmal vergossen sein. Wenn der Lohn dieser Tortur dann nur aus einigen kleinen Steinchen besteht, die aus unerklärlichen Gründen auf dem hochgezogenen Senknetz liegen, dann fängt auch der Ruhige an, unruhig zu werden. Und ich bin eigentlich sehr ruhig, wenn ich den Worten meiner Frau Glauben schenken darf.

Wenn ich nicht zufällig einen Film gesehen hätte, der Südseefischer bei ihrer Tätigkeit zeigte, wer weiß, ob mir jemals die Idee gekommen wäre, mit deren Hilfe ich die Köderfische jetzt fast spielend fange. Ich will aber auch nicht verschweigen, daß zur Nachahmung ein genaues Studium der folgenden Zeilen gehört, oder das schöne neue Senknetz kehrt nicht mehr nach Hause zurück.

Daß man bei der nun folgenden Methode den schweren, langen Stock nicht mehr benötigt, wird nicht nur bei den Autofahrern Freude auslösen. Das Senknetz wird jetzt nämlich reisefähig, auch mit dem Fahrrad. An die Stelle des unhandlichen Knüppels tritt eine etwa 10 Meter lange geflochtene Perlonschnur von ungefähr 4 mm Stärke. Diese Schnur knotet man an das Kreuz des Senknetzes, dessen Bügel möglichst aus Stahldraht bestehen sollte. Zusätzlich beschwere ich das Kreuz noch mit Blei, damit die Senke schneller untersinken kann. So ausgerüstet, suche ich mir solche Plätze am Gewässer aus, an denen ich deutlich Schwärme von Köderfischen nahe der Oberfläche sehe. Wie ein

Abb. 7. Links: Köderfischsenken (ungünstig). Rechts: Köderfischsenke als Wurfnetz (so ist es richtig)

Südseefischer werfe ich dann das Senknetz über den ausgemachten Köderfischschwarm.

Wichtig ist dabei, daß man die Senke zügig absinken läßt, und dann ohne jegliche Pause mit dem Einholen beginnt. Das Einwerfen und anschließende Emporziehen muß ein kontinuierlicher Vorgang sein. Nur dort, wo der Untergrund ohne Hindernisse ist, darf man das Senknetz bis zum Grund absinken lassen, in allen anderen Fällen muß noch vor Erreichen des Bodens mit dem Aufziehen begonnen werden. Wer das vergißt, muß ein neues Senknetz kaufen. Alle anderen aber dürfen hoffen, schon beim ersten Wurf mehr Köderfische auf dem Netz zu haben, als Raubfische im Wasser sind. Es gehört nur ein wenig Übung und etwas Mut dazu, die Senke in der eben beschriebenen Weise zu benutzen, aber es lohnt sich auf alle Fälle.

Wer seine Senke trotz meiner Überzeugungsversuche in altgewohnter Weise auf die in Abb. 7 links gezeigte Art benutzen will, kann seine Chance wesentlich erhöhen, wenn er nach dem Einsetzen etwas Freßbares (zerkleinertes Brot usw.) am Liegeplatz des Senknetzes ins Wasser wirft und danach eine angemessene Zeit verstreichen läßt, bevor er mit dem Aufziehen beginnt.

Abb. 8. Köderfischsenke als Keschernetz und Fischaufzug

Ein nach Abb. 7 rechts montiertes Senknetz hat mir aber auch schon an solchen Stellen gute Dienste geleistet, wo das Keschern sonst leicht in artistische Darbietungen ausarten kann. Mehr als einmal habe ich bei Verwendung meines Senknetzes halsbrecherische Klettertouren unterlassen können, weil die Schnur an diesem Netz so lang war, daß ich es bis dort hinunterlassen konnte, wo ein mehrpfündiger Fisch auf eine Landehilfe „wartete". Besonders beim Angeln von einer „höheren Warte" aus kann man leicht in Bedrängnis geraten, wenn ein Fisch von einigen Kilo Gewicht dort unten nicht weiß, wie er hinaufkommen soll. Das hinuntergelassene Senknetz befreit ihn rasch von solchen Sorgen.

In der Abb. 8 sieht man deutlich, wie es gemacht wird.

Den Hechten auf der Spur

Schon von meinem Vater hatte ich gehört, daß man sich bei der Suche nach den Hechten nur auf die Fährte der Rotaugen zu setzen brauche, um mit Sicherheit ans Ziel zu gelangen.

Wo Rotaugen und andere Futterfische in größeren Mengen zu finden sind, da sind auch die Hechte nicht weit. Selbst wenn es an solchen Plätzen keinerlei Versteckmöglichkeiten für sie gibt und der erste Eindruck einer solchen Stelle gegen die Anwesenheit von Hechten sprechen sollte. Die eingangs erwähnte Hefefabrik war das beste Beispiel für diese Behauptung, denn das Wasser war dort unmittelbar an der Mauer, aus der sich der Strom der unangenehm riechenden Brühe ergoß, etwa 4 m tief, und es gab keinerlei Kraut oder versunkenes Gesträuch, das den Hechten als Unterschlupf hätte dienen können. Später hatte ich noch oft Gelegenheit, ähnliche Beobachtungen zu machen und meinen Nutzen aus ihnen zu ziehen.

Einer überlieferten Ansicht zufolge sollen Rotaugen in der Lage sein, den sich in der Nähe aufhaltenden Räuber zu wittern, und es gibt nicht wenige Angelfreunde, die Mißerfolge beim Rotaugenfischen an ihrem angefütterten Stammplatz auf das Konto des Hechtes setzen. Ich ziehe daraus die einzig logische Schlußfolgerung, daß Hechte in ständiger Bewegung sein müssen, um die vor ihnen fliehenden Rotaugen einholen zu können. Dies wiederum steht aber in krassem Gegensatz zu einer anderen überlieferten Ansicht, die dem Hecht eine Generation überdauernde Standorttreue zuspricht. Wenn sich ein Hecht diesen beiden Theorien entsprechend verhielte, müßte er jedoch verhungern. Ich habe schon oft Rotaugenschwärme beobachtet, in deren Mitte gemächlich ein Hecht schwamm. Die Rotaugen bewegten sich dabei ohne erkennbare Scheu in unmittelbarer Nähe seines Maules.

Nirgendwo gilt es mehr, althergebrachte Zöpfe abzuschneiden, wie gerade beim Hechtfang. Die schon genannte Standorttreue ist z. B. so ein alter Zopf. Richtig ist zwar, daß Esox ein sehr fauler Geselle ist, der ungern größere Strecken schwimmt und statt dessen lieber stundenlang fast regungslos an einer Stelle verharrt, aber was ihn hier ausharren läßt, ist lediglich die unmittelbare Nähe seiner Beutefische. Sowie diese aus irgendwelchen Gründen eine andere Stelle im Gewässer bevorzugen, gibt es nichts mehr, was unseren gefleckten Freund an seinem Platz halten könnte. So war es auch eines Tages, als das Abflußrohr der Hefefabrik versiegte, weil eine Kläranlage gebaut worden war. Fast von einem Tag zum anderen waren die Schwärme der Ukeleis und Rotaugen verschwunden und mit ihnen auch die Hechte. Der Platz, vorher einer der besten weit und breit, war gänzlich uninteressant geworden.

Es gibt noch sehr viel Geheimnistuerei um diese starken Räuber, und doch geht bei näherer Untersuchung alles mit rechten Dingen zu. Z. B. werden über die Gefräßigkeit der Hechte die tollsten Geschichten erzählt. Kein Fisch kann sich aber mehr als sattfressen, auch der Hecht nicht. Selbst wenn einem gefangenen Exemplar noch der Schwanz eines vorher erlegten Beutefisches aus dem Rachen schauen sollte, ist dies kein Gegenbeweis. Hechte, die sich sattgefressen haben, lassen sich durch noch so ausgeklügelte Tricks nicht mehr zum Anbiß bewegen. Dem Hecht genügen schon wenige Minuten, um seinen Magensack zu füllen, und nur wenn der Köderfisch in der Jagdperiode angeboten wird, hat er auch Aussicht, genommen zu werden. Während der übrigen Zeit wird dann nur noch die Geduld der Angler auf die Probe gestellt. Schon die Summe der langen Wartestunden beim Hechtangeln sollte eigentlich Beweis genug dafür sein, daß Hechte keine Nimmersatte sind.

Wie überall, wo es Leben gibt, braucht auch der Nachwuchs der Hechte mehr Nahrung für den Aufbau als die ausgewachsenen Exemplare, die nur noch Erhaltungsfutter benötigen. Auch mein Großvater kommt mit einem Bruchteil dessen aus, was meine Kinder am Tage verputzen. Kein Wunder also, wenn der abziehende Hechtkorken häufiger einen Grashecht einbringt als einen von den „Großen''.

Eine Beobachtung habe ich in diesem Zusammenhang allerdings zu oft gemacht, um sie als Zufall zu betrachten. Bissen nämlich die Junghechte an gewissen Tagen wie wild, dann war mit einem größeren kaum zu rechnen. Waren hingegen die Bisse der kleinen seltener, dann hatte ich oft den Anbiß eines älteren Mitgliedes der Esoxfamilie zu verzeichnen. Vermutlich halten sich die Babys zu den Stunden, da die Alten unterwegs sind, zurück, weil sie die kannibalischen Bräuche ihrer Sippe instinktiv kennen.

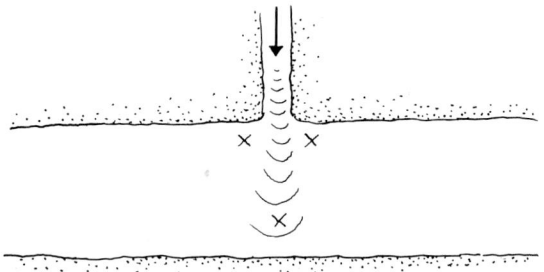

Abb. 9. Einmündung eines Wassergrabens in ein stehendes Gewässer. X = Hechtstandplätze

Im Gegensatz zu vielen anderen Fischarten neigen Hechte nicht zur Schwarmbildung. Das heißt aber nicht, daß sich nicht dennoch mehrere von ihnen zugleich an einer nahrungsreichen Stelle aufhalten können. So habe ich z. B. einmal kurz hintereinander vier gute Hechte von zusammen sechsundzwanzig Pfund an der Einmündung eines kleinen Grabens in ein stehendes Gewässer gelandet, obwohl ich während längerer Trockenperioden, in denen der Graben kein Wasser führte, dieser Stelle überhaupt keine Beachtung schenkte.

Eine längere Regenperiode sorgte dafür, daß sich soviel Regenwasser in dem Graben sammelte, daß es sich mit ziemlich großer Strömungsgeschwindigkeit in das stehende Gewässer ergoß. Als Folge traten große Schwärme von Friedfischen aller Art auf, die hier im warmen Regenwasser auf mitgeführte Nahrung warteten. Man konnte sie dicht an dicht in der starken Strömung stehen sehen.

Unmittelbar an der Grenze zwischen ruhigem und fließendem Wasser setzte ich die schnell montierte Hechtangel ein. Auf der folgenden Skizze sind diese Stellen durch kleine Kreuze markiert.

Der Anbiß erfolgte sofort und entpuppte sich als gutgewachsener Fünfpfünder. Obwohl die Wassertiefe hier nur einen halben Meter betrug und der Drill ziemlich viel Schmutz aufgewirbelt hatte, setzte ich an der gleichen Stelle wieder ein, um diesmal einem Achtpfünder

43

zum Landgang zu verhelfen. Mehr traute ich diesem Plätzchen, das kaum jemanden zum Auspacken der Ruten hätte verleiten können, aber nicht zu. Und hätte ich den Stimmen Gehör geschenkt, die so gern von einer „Burg", die der „Standhecht" gegen jeden Eindringling verteidigt, sprechen, dann wäre ich schon nach dem Fünfpfünder weitergegangen. So setzte ich, wenn auch selbst schon etwas skeptisch, ein drittes Mal die neubeköderte Angel ein. Und danach noch ein allerletztes Mal, weil nach dem Sieben- noch ein Sechspfünder an Land wollte. Alle vier Räuber hatten sich offensichtlich bis zu meinem Erscheinen auf diesem engen Raum sehr wohl gefühlt und dachten gar nicht daran, sich gegenseitig zu vertreiben.

Wenn ich nun sage, nach dem allerletzten sei noch ein allerallerletztes Mal gekommen, dann hält mich der Leser gewiß für einen fähigen Nachfolger des Barons von Münchhausen. Ich mußte aber tatsächlich noch einmal einen Köderfisch einsetzen, weil ich beim Drill des zuvor gelandeten Sechspfünders eine seltene Beobachtung machte. Auf dem Weg zum Kescher gesellte sich nämlich zu dem am Haken hängenden Esox ein etwa fünfpfündiger Artgenosse und begleitete ihn auf seinem letzten Gang ein Stück des Weges. Er wäre der fünfte geworden, wenn er nicht Lunte gerochen und das Weite gesucht hätte. Ich war auch ohne

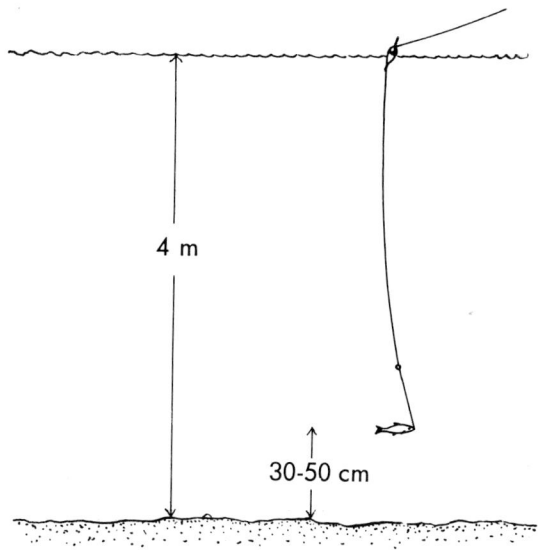

Abb. 10. Köderfisch (Grundnähe anbieten im Frühjahr und Spätherbst)

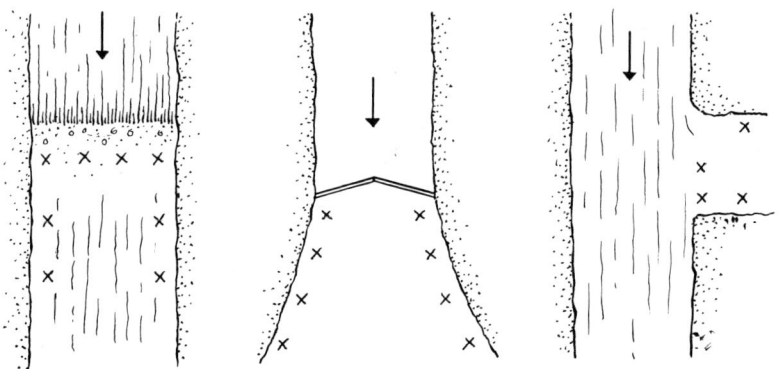

Abb. 11. Wehr (links), Schleusenauslauf (Mitte), Grenze zwischen fließendem und stehendem Gewässer. X = Hechtstandplätze

ihn zufrieden, denn vier Hechte mit einem Durchschnittsgewicht von secheinhalb Pfund sind beim Hechtfang nicht die Regel. Wenn ich heute zum Hechtfischen gehe, dann beschränke ich mich dabei auf nur wenige Stellen im Gewässer, von denen ich weiß, daß sie zugleich auch gute Rotaugenfangplätze sind. Während eine Rute sich den Rotaugen widmet, dreht in unmittelbarer Nähe ein angeködertes Fischchen seine Runden.

Die Wassertiefe beträgt an einer dieser Stellen etwa vier Meter. Ein Abwasserrohr hat hier die Funktion eines Futterautomaten übernommen. Ununterbrochen rieselt ein Strom von Freßbarem in die Tiefe und erspart mir das Einwerfen von Lockfutter. Ähnlich günstige Plätze findet man an Schleusen und Wehren, wo das aufwirbelnde Wasser natürliche Futterplätze schafft und Fische aller Art anlockt.

In welcher Tiefe der Köderfisch an solchen Plätzen im Frühjahr und Herbst angeboten werden muß, zeigt Abbildung 10.

Bei einer Wassertiefe von vier Metern hätte es wenig Sinn, den Köder in der Nähe der Wasseroberfläche anzubieten. Nicht nur, weil die Raubfische sich schwerlich von der Notwendigkeit eines etwa vier Meter langen Anprunges überzeugen lassen, sondern auch deshalb, weil der Köderfisch bei der Vielzahl der hier umherschwimmenden Artgenossen nur wenig Chancen hätte, sich bemerkbar zu machen. Ködert man dagegen so an, daß der Köderfisch in die unmittelbare Nähe der Raubfische gelangt, steigert sich die Aussicht, einen Anbiß zu erhalten, erheblich.

In stehenden Gewässern, wo man kaum mit Schleusen und Wehren rechnen kann, sollte man sich auf die Einmündungen von Bächen und Gräben konzentrieren. Daneben hat man noch die Möglichkeit, durch systematisches Ausloten der Wassertiefe die Untiefen, sog. Barschberge, eines solchen Gewässers festzustellen. Da auch sie häufig Tummelplätze der verschiedenen Friedfischarten sind, braucht man auch hier auf die Raubfische meist nicht lange zu warten. Einige markante Standplätze in fließenden und stehenden Gewässern zeigt die Abb. 11.

Weitere gute Fangplätze findet man in Fließgewässern in der Nähe von starkem Uferbewuchs, weil sich unter den überhängenden Uferpflanzen allerlei Fische einfinden, die auf herabfallende Nahrung warten. Daneben bieten auch ins Wasser hängende Zweige und unter Wasser liegendes Geäst eine Art von „Tischlein-deck-dich". Sie wirken wie ein Magnet besonders auf Rotaugen und Döbel. Kein Wunder, daß auch an solchen Plätzen die Hechte nicht weit sind.

Selbst regelmäßiges Einwerfen größerer Mengen von Lockfutter an einer sonst nicht besonders günstigen Stelle zieht mit den Friedfischen immer auch die Raubgesellen an.

Bietet man den Köderfisch sehr tief an, muß man auch mit dem Anbiß von Zandern rechnen, sofern sie überhaupt im Gewässer vorkommen. Dabei kann man wegen des zu wählenden Hakens leicht in Bedrängnis geraten, denn Drillinge sind erfahrungsgemäß dem Zanderfang nicht sehr dienlich.

Nach reiflicher Überlegung und einigen schlechten Erfahrungen benutze ich beim Fischen in Gewässern mit Hecht- und Zanderbestand nur noch Einfachhaken der Größe 1–4. Ausnahmsweise und nur in diesem Fall benutze ich auch ein Vorfach, weil mir meine Hauptschnur dabei ein wenig dünn erscheint. Aus Sicherheitsgründen nehme ich ein Perlonvorfach der Stärke 0,40–0,45.

Nur beim Fischen in reinen Hechtgewässern knüpfe ich ein Stahlvorfach mit Perlonmantel und Drillinghaken an.

Die Größe der Pose ist weniger entscheidend als der nach der Beschwerung verbleibende Restauftrieb. Man sollte ihn so klein wie möglich halten, damit auch ein evtl. anbeißender Zander den Köderfisch nicht wieder losläßt.

Dem Streit um die Frage, wie lange nach einem Anbiß bis zum Anschlag gewartet werden muß, habe ich für mich insofern ein Ende gesetzt, als ich grundsätzlich innerhalb der ersten Minute nach dem Anbiß anschlage. Ich möchte vermeiden, daß der Fisch den Haken verschluckt, weil das zugleich auch seinen Tod bedeutet. Tote Untermassige braucht man aber nicht zurückzusetzen, weil sie davon auch nicht wieder lebendig werden. Kommt mir ein Fisch bei dieser Methode vom Haken ab, dann tröste ich mich damit, daß mir solches auch schon nach langem Waren passiert ist.

Ob man die Lippenköderung vorzieht oder das Fischchen besser am Rücken anködert, hängt weniger von der persönlichen Einstellung des jeweiligen Anglers ab als von der Art des befischten Gewässers. In stärker fließenden Gewässern würde ich nie die Rückenköderung anwenden, weil der Fisch dann schon nach verhältnismäßig kurzer Zeit fast leblos am Haken hängt. Er kann sich bei dieser Art der Anköderung nur schlecht gegen die starke Strömung behaupten. Die Nasenköderung ist in diesem Falle angebrachter.

In schwach strömenden oder stehenden Gewässern läßt sich dagegen auch die Rückenköderung anwenden. Ich persönlich ziehe aber auch hier die Nasenköderung vor, weil ich mir einbilde, dem Fisch dabei die wenigsten Schmerzen zu bereiten. Ein weiterer wesentlicher Vorteil ist, daß er mir bei der Lippenköderung die Schnur nicht verdrehen kann.

Bei der Lippenköderung mit einem Drillingshaken ist allerdings besondere Vorsicht am Platze, weil es bei Verwendung von größeren Köderfischen schnell zu Fehlbissen kommen kann. Der Drilling kann sich nämlich, wenn der Hecht den Köderfisch schluckgerecht dreht, im Hechtmaul sehr leicht an der Außenseite des Kiefers verhängen, wo er dann oft keinen Halt findet und abfällt. Das Ergebnis ist ein wiedererscheinender Hechtkorken ohne Köderfisch und ohne Hecht.

Die Kunst beim Hechtfang besteht nicht so sehr im Ausklügeln immer neuer Anköderungsmethoden als vielmehr im sicheren Auffinden erfolgversprechender Fangplätze. Hat man erst solche Plätze in seinem Gewässer entdeckt, darf man dort immer wieder auf Erfolg hoffen. Hechte stehen nämlich nicht ewig an einer Stelle, wie es uns die Überlieferung oft noch weismachen will, sondern sie gelangen auf der Suche nach Nahrung eines Tages zwangsläufig an den von uns schon längst erkannten guten Platz.

Im Frühling halten sich Hechte überwiegend im Uferbereich auf. Der Grund ist einleuchtend: Zu ihrer Laichzeit bei etwa 8 °C Wassertemperatur ziehen die Hechte zur Uferregion und bleiben auch nach dem Laichen noch für eine Weile dort. Bis etwa Mitte Mai kann man an der Stelle nun gute Beute machen, sofern es die Bedingungen des Erlaubnisscheins zulassen. Eine Rute von mindestens 5,5 m Länge ist unbedingt erforderlich, um den Köderfisch vor der Krautkante anbieten zu können. Siehe auch Abb. 12.

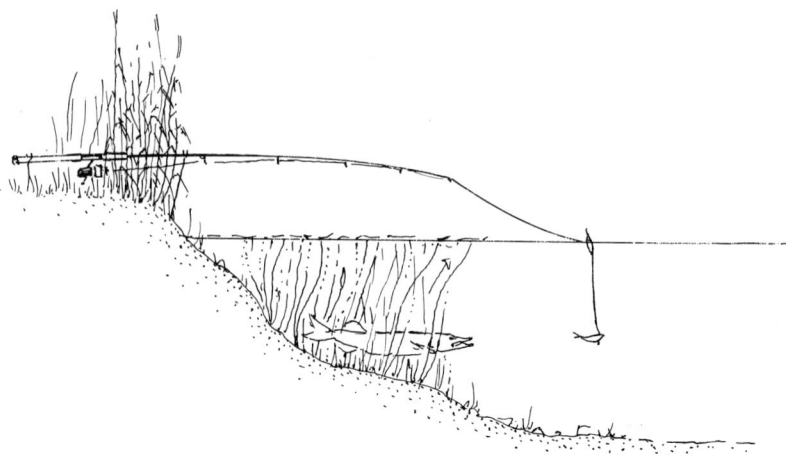

Abb. 12. Hechtangeln im Frühjahr und im Herbst

Während der warmen Sommermonate entwickeln sich unter dem Einfluß von Wärme und Licht mehrere Algenarten besonders gut und bilden z. B. dann dichte, im warmen Oberflächenwasser schwebende Wolken von bräunlicher oder grünlicher Färbung. Diese unter dem Sammelbegriff pflanzliches Plankton bekannten Gebilde sind die Herberge einer Reihe von Kleinstlebewesen (tierisches Plankton). Alles zusammen bildet eine interessante Nahrungsquelle für zahlreiche Friedfischarten.

Kein Wunder also, wenn sich mit den Friedfischen hier nun auch die Hechte einfinden, während der Uferbereich in der warmen Jahreszeit wie leergefegt erscheint.

Auf größeren Seen und Talsperren benötigt man nun unbedingt ein Boot, um die erwähnten Fangplätze nutzen zu können. Damit der Köderfisch einen möglichst großen Tiefenbereich durchschwimmen kann, bietet man ihn ohne Bleibeschwerung an.

Günstig für diese Art des Angelns sind oft die Teile des Gewässers, auf die der Wind steht, also hinweht, weil er dabei auch die Planktonfelder mitnimmt, und mit ihnen kommen die Fische. Siehe auch Abb. 13.

Man kann sich auch mit dem Wind treiben lassen, wobei die Köder in einiger Entfernung vom Boot an der Posenangel mittreiben. Stellt der Angler sein Gerät so ein, daß die Pose etwa 2,5 m vom Köder entfernt ist, kann der Köderfisch diesen Raum durchschwimmen und den dort lauernden Hechten nahe genug kommen.

Stirbt des Plankton im Spätherbst bei abnehmenden Wassertemperaturen ab und sinkt zu Boden, dann ziehen auch die Friedfischschwärme, besonders aber die Rotaugen, wieder in die Tiefe bzw. in die Krautregionen des Ufers zurück. Automatisch stellen sich hier auch die Hechte wieder ein und bringen dem Uferangler den lange vermißten Anbiß.

Zu welcher Tageszeit die Hechte nun rauben, darüber möchte ich lieber keine Theorien aufstellen, weil ich einschließlich der völligen Dunkelheit schon zu allen Tageszeiten Hechte gefangen habe. Trotzdem kristallisierten sich im Laufe der Jahre einige bestimmte Zeitabschnitte als besonders beißintensiv heraus.

Da ist z. B. die Zeitspanne etwa ein bis zwei Stunden nach Dämme-

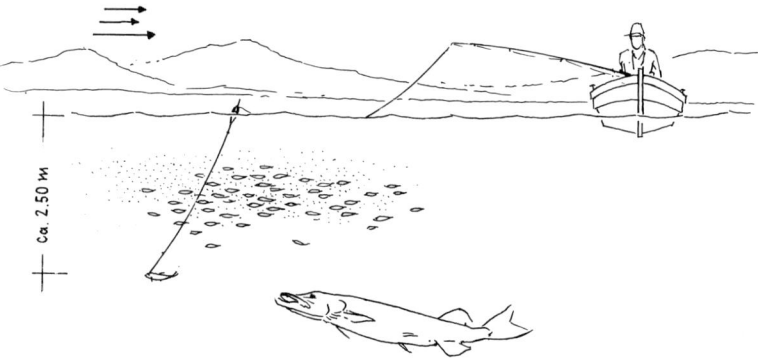

Abb. 13. Hechtangeln in Seen und Talsperren. Planktonschicht im Oberflächenbereich

rungsbeginn am Morgen und vor Dämmerungsbeginn am Abend. In dieser Zeit kommt öfter Bewegung in den Korken als sonst. Nicht vergessen möcht ich aber bei dieser Aufzählung vor allem den bei vielen Anglern fast schon sprichwörtlichen Biß um 10.30 Uhr am Vormittag. In dieser äußerst günstigen Zeit zwischen halb elf und dreizehn Uhr haben sicher schon viele Kapitale ihr Leben lassen müssen. Oftmals hätte ich nach der Präzision, mit der ein Anbiß zu dieser Zeit kam, meine Uhr stellen können.

Hat man nun endlich alle Voraussetzungen geschaffen, die zu einem Anbiß führen könnten, dann bleibt als letztes noch die Frage nach den fängigsten Köderfischen.

Ich übertreibe sicher nicht, wenn ich behaupte, daß der Großteil aller Hechte mit dem Rotaugenköder gefangen wird. Trotzdem hatte ich mehr als einmal den Eindruck, daß meine angebotenen Kaulbarsche, Forellen und Gründlinge mehr Anziehungskraft besaßen. Ein Beispiel soll das deutlich machen.

Zwei rotaugenbeköderte Ruten und dazu noch ein Eimer mit Reservisten in Bereitschaft vermochten den Korken nicht von der Stelle zu bringen, obwohl es sich um eine wirklich gute Hechtstelle handelte. Da kommt ein Freund daher, der sich mit dem Senknetz mühsam einige Barsche gefangen hat. Gegen Barsche hat er aus unerklärlichen Gründen aber etwas, und als er meinen Eimer voller Reservisten sah, war er zu jedem Tausch bereit. Ich ließ ihn gern gewähren, und er nahm sich, was er brauchte. Ich dagegen hatte nichts Eiligeres im Sinn, als die bisher erfolglosen Rotaugen gegen stachelige Barsche auszutauschen, ohne sie jedoch vorher ihres Stachelschmuckes zu berauben. Zwei Hechte in nur wenigen Minuten waren der Erfolg. Unnötig zu sagen, daß die Rotaugen auch an der Angel meines Freundes versagten.

Inwieweit der Zufall dabei eine Rolle spielte, läßt sich schwer ermitteln. Da ich ähnliche Erlebnisse aber schon mehr als einmal hatte, bin ich immer auf der Suche nach kleinen Barschen oder Gründlingen, wenn es mich zum Hechtfang ans Gewässer zieht.

Rotaugenfang, Prüfstein für Meister

Fischen in stehenden oder nur schwach strömenden Gewässern

Nicht der ist ein Genie, der eine komplizierte technische Einrichtung durch bloßen Knopfdruck in Bewegung setzt, sondern jener, dessen Hirn ein solches Wunderwerk hervorgebracht hat. Beim Angeln dürfte es ähnlich sein; entscheidend ist nicht das Herausholen des Fisches, sondern das Wissen um die Voraussetzungen, die zu diesem Herausholen geführt haben.

Es gibt eine Menge Angler, die bei dem Namen „Rotauge" nur die Nase rümpfen. So abfällig aber, wie sich mancher über das Rotaugenfischen äußert, so schwierig kann der Fang sein, wenn man es dann jemandem zeigen soll. So kommt es, daß mancher erfahrene Raubfischangler sich seine Köderfische kaufen muß, weil er zwar mit meterlangen Räubern, nicht aber mit Rotaugen gelernt hat umzugehen.

Mit steigender Stückgröße wird auch der Fang zunehmend schwieriger, und Zweipfünder werden lediglich in manchen Angelbüchern reihenweise gefangen. Ein zweipfündiges Rotauge will aber erst einmal genau gewogen sein, und erstaunt stellt der Rekordanwärter dann fest, wie viele Gramm an diesem Gewicht noch fehlen. Selbst in früheren Zeiten war der Fang von Zweipfündern nicht die Regel. Trotzdem wird man nach fleißigem Ansitz sicher auch mit einigen großen Exemplaren aufwarten können. Nicht alles, was wie ein Rotauge aussieht, ist indes auch eines. Besonders bei Stückgrößen von über zwei Pfund sollte man sich den Fisch sehr genau ansehen. Manchmal entpuppt er sich dann nämlich als Aland.

Zwar weist auch meine Fangliste Zweipfünder auf, aber ich muß schon lange suchen, um sie zu finden. Nicht so lange zu suchen brauche

Abb. 14. Beim Rotaugenfang zeigt sich der Meister. Photo: H. Gluck

ich dagegen, wenn es um Stückgrößen von ein- bis eineinhalb Pfund geht.

Kaum jemals ist es notwendiger, die Tiefenverhältnisse am vorgesehenen Angelplatz sorgfältig mit einem Lotblei zu ermitteln, als beim Rotaugenfischen. Nicht immer ist der Untergrund so eben, wie es uns die Wasseroberfläche weismachen will. Es gibt dort Mulden und Rinnen, tiefe Löcher und sehr flache Stellen. Rotaugen sind zwar sehr zahlreich, aber sie halten sich nicht überall in wünschenswerten Mengen auf. Ich suche mir daher gern einen Angelplatz, dessen Untergrund aus Sand besteht und möglichst sanft flacher wird. Auf dieser leicht abfallenden Ebene braucht man auf einen Anbiß selten lange zu warten.

In welcher Tiefe der Köder angeboten werden muß, ist von Fall zu Fall verschieden. Ich beginne jedesmal mit dem auf Grund aufliegenden Köder. Schon nach wenigen Minuten weiß ich, ob das richtig ist. Länger als ein paar Minuten warte ich nämlich nie auf einen Anbiß. Rotaugen sind an manchen Tagen zu faul, um sich nach dem auf den Boden gelegten Köder zu „bücken". Es geschieht nicht aus purer Höflichkeit, wenn ich den Köder dann etwas höher hänge und dabei solange probiere, bis er schnappgerecht vor den Fischmäulern hängt. Nicht alle Angler bringen soviel Geduld mit ans Wasser; die Folge ist das hinlänglich bekannte Bild, das sich immer wieder bietet, wenn diese Pessimisten ihre Geräte einpacken.

Es gibt unterschiedliche Möglichkeiten, den Rotaugen mit Erfolg nachzustellen. Trotzdem möchte ich mich hier auf die von mir angewandte beschränken, weil ich keinen Leser mit Dingen langweilen will, die er in anderen Büchern schon gelesen hat. Das in vielen Angelbüchern im Zusammenhang mit dem Rotaugenfang erwähnte leichte Geschirr benutze ich nicht. Meine Pose trägt ein Gewicht von 5 g, das entsprechend der Abb. 15 montiert ist. Es darf nur ein sehr kleines Stück der Antenne aus dem Wasser schauen. Jede deutliche Regung dieser sehr sensibel eingestellten Pose muß mit einem Anhieb quittiert werden. Dabei ist es unerheblich, ob sich die Antenne nach oben oder nach unten bewegt.

Der Vorteil dieser Methode gegenüber den anderen zeigt sich besonders dann, wenn die

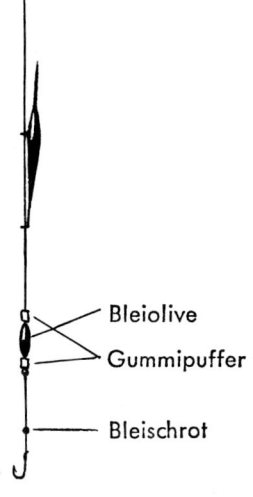

Bleiolive

Gummipuffer

Bleischrot

Abb. 15. Laufpose

Abb. 16. Mehr als eine Pfanne voll. Photo: H.-J. Wohlfahrt

Fische die Nahrung nicht vom Boden aufnehmen, sondern beißfaul und lustlos in nächster Bodennähe umherschwimmen. Durch genaues Ausloten der Wassertiefe und exaktes Einstellen der Köderhöhe lassen sich auch die besonders zaghaften Bisse von freßfaulen Fischen erkennen. Die Rute gehört dabei allerdings in die Hand. Auf diese Weise lassen sich auch noch solche Rotaugen fangen, die eigentlich gar nicht fressen wollen, sondern den Köder nur spielerisch ins Maul nehmen und ihn dann sofort wieder ausspeien wollen. Noch bevor sie aber dazu kommen, sitzen sie schon am Haken fest. Beim „leichten Geschirr" mit seinen langen Vorfächern und den winzigen Schrotkügelchen wartet man vergebens darauf, daß derartige Unarten angezeigt werden. Meine Erfolge bei vielen Preisfischen haben mir in dieser Hinsicht recht gegeben.

Auch beim Fischen auf Rotaugen knüpfe ich den Haken direkt an die 0,18er Hauptschnur. Noch dünnere Schnüre erhöhen nur die Bruchgefahr bei einem größeren Fisch, ohne aber auf das Fangergebnis noch einen positiven Einfluß zu haben. Es kommt bei den Schnüren weniger auf den Durchmesser an als vielmehr auf die Weichheit; denn sie sollen den Fischen ja die Illusion von Fadenalgen vermitteln, auf denen sie auch sonst die Nahrung suchen. Rotaugen haben scharfe Augen, und deshalb bleibt ihnen eine auch noch so dünne Schnur nicht verborgen. Ist sie aber weich genug, dann lassen sie sich täuschen. Mit einer 0,18er Schnur läßt sich in Notfällen auch noch ein größerer Fisch an Land befördern, bei einer dünneren Schnur nützt einem auch die Erfahrung nichts mehr, höchstens noch das Glück. Da Fische Farben auseinanderhalten können, sind Schnüre von grüner Farbe sicher besser als jene, die von einigen Firmen als vollkommen unsichtbar angeboten werden. Grün ist auch die Farbe vieler Algenarten, und der Fisch wird einem an solcher Schnur hängenden Köder mit weniger Mißtrauen begegnen als dem an einer noch so „unsichtbaren" Schnur angebotenen. Solche Überlegungen sind aber nur beim Fischen in kristallklaren Gewässern angebracht. Sobald das Wasser angetrübt ist, kann man sich mit seiner Gedankenarbeit besser nützlicheren Dingen zuwenden.

Nützlich kann es etwa sein, durch häufiges Einwerfen von Lockfutter die Fische beißlustig zu halten. Selbst wenn sie nämlich nicht mehr fressen wollen und einen ruhig im Wasser hängenden Köder nicht mehr beachten, so werden sie doch sofort wieder munter, wenn man etwas Bewegung schafft. Das kann durch leichtes Anheben und wieder Sinkenlassen des Köders genauso erreicht werden wie durch neuerliches Einwerfen von Lockfutter. Dazu benutzt man zweckmäßig sehr feinkörniges Material, wie etwa gekochte Weizenkleie oder eingeweichtes Brot. Selbst wenn schon eine große Menge dieses Köders unbeachtet am Boden liegt, wird das Interesse der Fische sofort wieder geweckt, wenn sie Bewegung im Wasser entdecken. Nur auf dieser Erkenntnis beruhen wohl auch die sensationellen Erfolge der Mormyschkenangler, weil die Bewegung auch hier der ausschlaggebende Faktor ist.

Der Haken Größe 12 muß sehr dünndrähtig und scharf sein, damit jeder Fisch nicht nur sicher gehakt, sondern auch gelandet werden kann. Fischt man mit Ködern, die kleiner als der Haken sind, so stört der überstehende Hakenrest die Fische weniger als man glaubt. Ich habe schon mit auf den Spitzen von Drillingshaken befestigten Brotkügelchen Rotaugen gefangen. Bevor die Fische überhaupt merken, daß sie einen Fremdkörper fressen sollen, sitzen sie bereits am Haken fest. Wichtiger ist, daß der Köder nicht zu hart ist, weil sonst die Hakenspitze Mühe hat, den Köder zu durchdringen. Außerdem wird ein weicher Köder von den Fischen auch viel lieber genommen als ein harter. Aus diesem Grund benutze ich mit großem Erfolg einen Teig, den ich mit etwas Fett oder Öl aus eingeweichtem Weißbrot knete. Das Wasser muß aber vorher gut wieder herausgedrückt werden, sonst wird der Teig zu weich. Noch besser ist es, wenn man sich diesen Teig schon einen Tag vor Angelbeginn bereitet. Er wird dann besonders geschmeidig. Auch Weißbrotflocken geben einen fängigen Köder.

Rotaugenfischen in Flüssen und Kanälen

In fließenden Gewässern, und dazu zählen auch von Schiffen befahrene Kanäle, benutze ich mit großem Erfolg die Treibangel. Dabei fische ich mit Vorliebe in der Strömung und meide die ruhigen Stellen, die es auch im Fließgewässer immer gibt. Man macht einen großen Fehler, wenn man die Fische menschlicher Überlegungen für fähig hält. Instinktiv werden nämlich viele Angler beim Anblick einer ruhigen Bucht die Angel dort auswerfen wollen, weil sie der Meinung sind, die Fische ziehen sich vor der Strömung in solche ruhigen Ecken zurück. Es muß schon eine außergewöhnlich reißende Strömung, etwa bei Hochwasser sein, welche die Fische an solche Stellen treibt. Sonst aber suchen sie die Strömung, und ihr Körper ist in jeder Weise dafür ausgerüstet, ohne große Anstrengung darin zu verharren.

Auch im Fließgewässer suche ich solche Strecken auf, wo am Ende einer flachen Mulde der Boden wieder sanft ansteigt. Auf dieser ansteigenden Strecke wird man beim Treibenlassen des Köders die meisten Bisse erhalten. Die Vor- und Nachteile beim Fischen in stehendem oder fließendem Wasser halten einander die Waage. Hat man in stehenden Gewässern seine „Freude" an den Unmengen von Kleinfischen, die sich nach dem Einwurf von Lockfutter an der Angelstelle einfinden, so tragen im Fließgewässer die vielen Hänger beim Treibenlassen zur „Erheiterung" des Anglergemütes bei. In diesem Zusammenhang fällt mir übrigens eine erstaunliche Tatsache auf, und ich bin sicher, sie nicht alleine beobachtet zu haben. Sobald der Haken nämlich unter Wasser an ein Hindernis gerät, krallt er sich daran fest wie ein Floh im Hundefell. Versucht man aber mit dem gleichen Haken ein auf der Oberfläche schwimmendes Utensil zu bergen, dann ist dieser Versuch von Anfang an zum Scheitern verurteilt. Der Haken greift nicht was er soll, sondern nur was er will.

Im Fließgewässer sind die Anbisse naturgemäß viel schärfer und daher deutlicher auszumachen. Schließlich muß der Fisch den treibenden Köder recht schnell packen, will er nicht noch meterweit hinterherschwimmen. Da man seinen Köder aber nicht endlos weit abtreiben lassen kann, bleibt man ständig in Bewegung, denn die Angel will immer wieder erneut stromaufwärts eingeworfen werden. Jeder auf diese Weise erbeutete Fisch ist daher in des Wortes wahrster Bedeutung erkämpft.

Wer von solcher Schwerarbeit nichts hält oder wer meint, die Strömung sei für diese Angelart zu stark, der fischt ohne Pose mit dem Laufblei. Die an der Rutenspitze befestigte Schwingspitze bei waagerecht abgelegter Rute muß nun die Funktion der Pose ersetzen. Bisse machen sich durch mehr oder weniger starken Ausschlag der Schwingspitze bemerkbar und müssen unmittelbar mit einem Anhieb quittiert werden.

Es gibt so viele Möglichkeiten, die an einem Angeltag der Reihe nach erprobt werden können, um bei schlechter Beißlust doch noch Erfolg zu haben, daß Langeweile eigentlich nie aufkommen kann. Die Geräte werden erst dann zusammengepackt, wenn trotz intensiver Anstrengungen keine Bisse zu verzeichnen sind. Das aber kommt glücklicherweise selten genug vor. Man sollte nicht deshalb so früh aufstehen, um den unterbrochenen Schlaf am Wasser fortzusetzen, denn die braune Gesichtsfarbe ist letzten Endes kein vollwertiger Ersatz für den leergebliebenen Setzkescher.

Besonders an Kanälen mit starkem Schiffsverkehr werden an die

Nerven des Anglers hohe Anforderungen gestellt. Nicht nur, daß das eingeworfene Lockfutter durch die starke Sogwirkung der vorbeifahrenden Schiffe fortgespült wird, auch die Heftigkeit der Strömung, und daß sie häufig die Richtung wechselt, kann dem Angler sehr zu schaffen machen.

Gute und durch den Schiffsverkehr weniger stark behinderte Angelplätze findet man in den Ober- und Unterhäfen der Schleusen oder dort, wo an Ausweichstrecken der Kanal breiter wird. Auch im auslaufenden Schleusenwasser kann man auf guten Erfolg rechnen, weil die bei jedem Schleusenvorgang aufgewirbelten Nahrungsstoffe Fische aller Art anziehen. An solchen Stellen kann man jederzeit auch den Anbiß besonders großer Exemplare erwarten. Mit dem Einwerfen von Lockfutter bin ich hier besonders sparsam. Ich werfe in den Ruhepausen zwischen zwei Schleusungen nur jeweils soviel Futter ein, wie in diesem Zeitraum mit Sicherheit von den Fischen gefressen werden kann. Wirft man nämlich zuviel ein, dann verlagert sich bei der nächsten Schleusung der Futterplatz mit großer Wahrscheinlichkeit an eine nicht vorausberechenbare Stelle, und die Fische werden sich dort einfinden, um die unterbrochene Mahlzeit fortzusetzen.

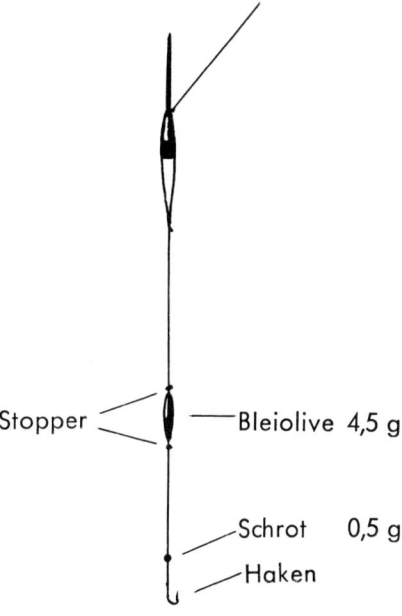

Stopper — Bleiolive 4,5 g

Schrot 0,5 g

Haken

Abb. 17. Rotaugengerät

Um den hakenfressenden Uferböschungen der meisten Kanäle keine Gelegenheit zu geben, mich zu ärgern, fische ich immer sehr weit draußen in der Fahrrinne der Schiffe. Hier im tieferen Wasser macht sich auch die Strömung nicht so stark bemerkbar wie in Ufernähe. Wer in großer Entfernung vom eigenen Standort fischt, muß einen Laufschwimmer benutzen. Wie die Montage im einzelnen aussieht, zeigt die nebenstehende Abb. 17. Man erkennt deutlich die zwischen Pose und Bleibeschwerung angeordneten Gummipuffer. Sie verhindern, daß der Schwimmer beim Herunterfallen auf die Bleibe-

schwerung diese zusammenstaucht und dadurch die Schnur abge-
klemmt wird. Auch bewahren sie das immer wieder auf das Blei
schlagende untere Ende der Pose vor der Zerstörung.

Rotaugen gibt es, wie erwähnt, in den meisten Gewässern mehr als
genug, und Tausende von ihnen verschwinden täglich in den aufge-
sperrten Rachen vieler Raubfische. Trotzdem bleiben für den Angler
noch genügend übrig, um seine Künste an ihnen zu erproben. Wer es
beim Angeln zu Meisterehren bringen will, kommt am Rotauge nicht
vorbei.

Brassenlift mit Pfiff

Was mich an den Brassen so fasziniert, das ist nicht der ziemlich
kraftlose Drill, sondern die Schwierigkeit, die Bisse dieser überaus
vorsichtigen Burschen sichtbar zu machen. Fischt man nämlich in
gewohnter Weise auf diese schleimigen Gesellen, ohne ihre besondere
Art der Köderaufnahme zu berücksichtigen, wird man wenig Erfolg
haben.

In besonderen Fällen kann ein Angler sogar zu der Überzeugung
gelangen, daß Brassen nur an wenigen Tagen Neigung zum Fressen
zeigen und aus diesem Grund so selten an die Angel gehen. Eher ist aber
das Gegenteil der Fall. Brassen sind überaus gefräßig, man muß schon
großes Pech haben, um sie in einer Freßpause anzutreffen.

Es gibt nur wenige Fischarten, bei denen es sich nicht lohnt, lang-
wierige Überlegungen über ihre vermutlichen Standorte anzustellen.
Der Brassen gehört dazu. Dank seiner großen Fruchtbarkeit bevölkert er
ihm zusagende Gewässer in so großer Zahl, daß es fast unmöglich
erscheint, durch Einwerfen von Lockfutter nicht an jedem beliebigen
Platz des Gewässers Brassen zu fangen.

Während längerer Hitzeperioden im Sommer sieht man zuweilen
große Brassenschwärme dicht unter der Oberfläche stehen. Noch über-
zeugender demonstrieren sie ihre Anwesenheit aber während der Laichzeit, die je nach Wetterlage und Örtlichkeit in die Monate Mai oder Juni
fällt. Unvorstellbare Mengen versammeln sich dann an den Laichplät-
zen und bringen das Wasser dort zum ,,Kochen''.

Beim Anblick solcher Fischmassen kann man sich leicht eine Vorstellung davon machen, welche Mengen von Lockfutter man benötigt, um eine derart zahlreiche und dazu noch sehr verfressene Gesellschaft am Angelplatz zu halten. Immer wieder hört oder liest man zwar das Gegenteil, weil einige Angler glauben, zu viel Futter mache die Fische nur satt. Inwieweit bei diesen Ansichten wirklich eigene Erfahrungen oder aber nur rein theoretische Überlegungen mitgewirkt haben, mag dahingestellt bleiben. Eines aber ist sicher: Recht sparsam eingeworfenes Lockfutter wird oft schon andere Liebhaber gefunden haben, ehe auch nur ein einziger Brassen dadurch zum Kurswechsel veranlaßt werden konnte. Deshalb ist ein Eimer voll gekochter Weizenkleie oder eingeweichtem Brot auch nicht zuviel, sondern nur gerade knapp aus-

Abb. 18. Brassen vorm Kescher. Photo: D. Schicker

reichend, um einen Brassenschwarm für einige Stunden zu beschäftigen.

Bei Angelbeginn wirft man etwa die Hälfte des mitgeführten Futters
ein und danach in gewissen Zeitabständen den Rest. Ein guter Hinweis

Abb. 19. Ein Glück, die Schnur ist frei. Photo: J. Kramer

für den rechten Moment des neuerlichen Einwerfens ist immer die nachlassende Häufigkeit der Bisse. Dies ist ein sicheres Zeichen dafür, daß der Schwarm beginnt, die leergefressene Stelle zu verlassen. Nur sofortiges Einwerfen weiteren Futters kann ihn von diesem Entschluß wieder abbringen.

Auf diese Weise habe ich Brassen schon einen Vormittag lang zum Bleiben überreden können, so daß ich Mühe hatte, später einen Liebhaber zu finden, der bereit war, 25 kg Fische nicht nur zu säubern, sondern dann auch zu essen. Glücklicherweise gibt es für derartige Notfälle Tiefkühltruhen.

Brassen sind eigentlich immer zum Fressen aufgelegt, und so habe ich sie in der heißen Schwüle eines Hochsommertages genauso gefangen wie bei Dauerregen, und bei starkem Nordwind waren sie ebenso zu Hause wie beim Tanz der Schneeflocken im Dezember. Nur bei starkem Frost bekam ich eher blaugefrorene Finger als einen Brassen an den Haken. Irgendwelche Regeln für besonders ertragreiche Stunden oder Tage kann ich daher nicht aufstellen.

Warum die Brassen solche Unmengen von Schleim mit sich herumschleppen, ist mir ein Rätsel. Als Hauptbewohner der meist ziemlich flachen und daher recht warm werdenden Flachlandseen sind sie durch eine Vielzahl von Mikroorganismen zwar gefährdet, aber auch nicht mehr als die mit ihnen im gleichen Gewässer hausenden Hechte. Wer hätte aber je einen Hecht oder Barsch gefangen, der so in Schleim verpackt gewesen wäre wie ein Brassen. Ich werde den Verdacht nicht los, daß hier eine weise Vorsehung den Raubfischen das Schlucken etwas erleichtern wollte, wobei der Schleim der Beutefische als Gleitsubstanz für trockene Hechtkehlen dienen sollte. An sich keine schlechte Idee, nur, wo sollen wir Angler die vielen Putztücher hernehmen? Und man darf schon gar nicht daran denken was passiert, wenn man so ein Tuch im Kofferraum des Wagens vergißt, möglichst während einer Hitzeperiode im Sommer.

Auch wenn noch keine Bewegung der Pose die Anwesenheit von Brassen am Angelplatz anzeigt, gibt es andere sichere Merkmale dafür, daß sie da sind. So sind z. B. kleine Bläschen, die nur am angefütterten Platz und nirgends sonst vom Grunde aufsteigen, ein sicherer Hinweis, daß ein Brassenschwarm bereits beim Schmausen ist. Es handelt sich hierbei nicht um Blasen, die von den Fischen ausgestoßen werden, sondern um freiwerdende Gasblasen aus dem meist etwas schlammigen Untergrund. Beim Fressen saugen die Fische nämlich nicht nur das auf dem Grund liegende Futter, sondern meistens auch noch etwas Boden mit ins Maul. Die nun vom Gewicht des auf ihnen lagernden Bodens befreiten Gase drängen in kleinen Perlenschnüren zur Oberfläche.

Ein weiteres sicheres Indiz für die Anwesenheit von Brassen am Angelplatz sind ihre fast lautlos in der Umgebung der Pose aus dem Wasser steigenden breiten Leiber. Die Ursache dieser geräuschlosen Wälzer ist mir nie recht klar geworden. Immer aber sind sich wälzende Brassen ein sicherer Beweis für erhöhte Aktivität und ein Garant für gutes Beißen. Ich fische überhaupt ungern, wenn eine Art bleierne Ruhe über dem Wasser liegt und nirgendwo die Kringel steigender Fische zu sehen sind. Zwar habe ich auch schon an solchen Tagen gut gefangen, aber nur zuweilen, während eine lebende Wasseroberfläche immer guten Fang verspricht.

Natürlich nützen solche Hinweise wenig, wenn man nicht die rechten Mittel kennt, um die Fische an den Haken zu bekommen. Eher gelingt es nämlich einem Anfänger, einen 20pfündigen Hecht an die nagelneue Spinnausrüstung zu bekommen, als daß er es schafft, auch nur einen Brassen mit einer nicht ganz zweckmäßigen Ausrüstung aufs trockene Ufer zu befördern.

Der sich flachlegende Schwimmer galt und gilt vielen als der typische Brassenbiß. Und weiter heißt es, daß erst nach dem Schrägabwärtsziehen der Pose der Anhieb gesetzt werden dürfe. Diese Methode ist insoweit gut, als sie mit Sicherheit den Brassen fängt, der unbeirrt den Köder nehmen will. Aber eben nur diesen Brassen und nicht die vielen anderen, die am bereits aufgenommenen Köder etwas auszusetzen hatten und ihn deshalb wieder von sich gaben. Große Fänge kann man aber erst dann tätigen, wenn es gelingt, auch diese anderen am Haken festzumachen, bevor sie solcher „Überlegungen" fähig sind.

Das Prinzip für eine solche Angel ist sehr einfach, fast zu einfach. Es beruht auf der simplen Überlegung, daß man den Fisch schon möglichst in dem Moment anschlagen sollte, in dem er den Köder vom Boden aufnimmt, also noch ehe er durch irgendein Mißtrauen dazu kommen könnte, ihn wieder auszuspeien.

Nach einer Reihe von Experimenten habe ich nun eine Schwimmerform gefunden, die sich für diese Zwecke besonders gut eignet. Die Gesamtlänge der Antenne beträgt etwa 25 cm, die Tragfähigkeit des ungefähr 5 cm langen Schwimmkörpers liegt bei 5–7 g. Den oberen Abschluß der Antenne bildet eine erbsengroße rote Korkkugel. Beim Angeln in nicht sehr tiefen Gewässern braucht diese Pose nicht unbedingt als Laufschwimmer montiert zu werden. Ich selbst benutze sie allerdings ausschließlich in dieser Form.

Von größter Wichtigkeit für den Angelerfolg ist die nun folgende Montage der Bleibeschwerung an der Schnur. Dabei muß man eine bestimmte Reihenfolge einhalten, damit es nachher am Wasser auch wirklich funktioniert. Zuerst montiere ich eine Bleikugel (Abb. 20 a), die den Schwimmer bis zur Oberkante des eigentlichen Schwimmkörpers absinken läßt. Damit muß man es sehr genau nehmen, weil selbst ein verbleibender Rest von vielleicht 2 mm noch soviel Auftrieb gibt, daß er den Erfolg in Frage stellen kann. Durch Hinzufügen kleiner Bleischrote kann das sehr leicht reguliert werden. Etwa 30 cm unterhalb der so montierten Bleikugel folgen dann einige kleinere Schrote (Abb. 20 b). Nun muß die Pose bis zur Unterkante der kleinen Korkkugel der Antennenspitze absinken. Den Haken der Größe 8–10 befestige ich dann 10 cm vom letzten Bleischrot entfernt.

Beim Ausloten der Wassertiefe am Angelplatz klemmt man ein größeres Stück Blei dicht unterhalb des untersten Bleischrotes provisorisch fest und verschiebt den Schwimmer bzw. den Stopper auf der Schnur so lange, bis bei auf Grund liegendem Lotblei die kleine Korkkugel gerade noch sichtbar bleibt. Auch dabei kommt es auf größte Sorgfalt und genaues Beachten aller Einzelheiten an.

Diese nach der Liftmethode arbeitende Anordnung ist sehr fängig und zeigt die Brassenbisse sicher an. Sobald nämlich ein Fisch den

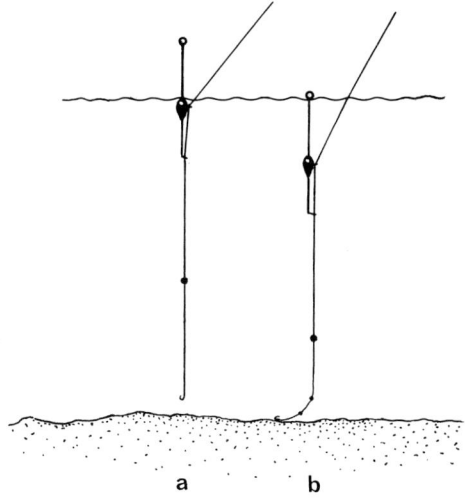

a   b

Abb. 20. Liftmontage. a. Schwimmer bis zur Oberkante abgesunken. b. Nur die Antennenkugel schaut noch aus dem Wasser

Köder vom Boden aufnimmt, hebt er dank der sehr geringen Entfernung der kleinen Bleischrote vom Haken diese mit an. Sofort wächst die Antenne des Bißanzeigers wie ein Spargel aus der Wasseroberfläche und gibt das Signal zum Anhieb. Anschlagen muß man auf jeden Fall sofort, auch wenn sich die Antenne nur um wenige Millimeter hebt. Selbst bei Wellengang lassen sich auf diese Weise Brassenbisse sehr gut sichtbar machen.

Das sofortige Anschlagen bei der kleinsten Regung der Pose bringt nunmehr auch jene Fische an den Haken, die es sich bei längerem Warten vielleicht noch überlegen würden, ob sie den aufgenommenen Köder auch wirklich fressen wollen. Daher hat diese Methode entscheidende Vorteile, und ich ziehe sie allen anderen vor. Staunend wird man nun erleben, daß der Fang von 20 kg dieser Fische in wenigen Stunden in den Bereich des Möglichen gerückt ist. Überrascht wird man auch feststellen, wie viele Bisse man früher einfach nicht gesehen hat und wie kurzweilig das Fischen plötzlich sein kann.

In großen Seen und in den Unterläufen großer Flüsse gibt es Brassen in solchen Mengen, daß man, insbesondere beim Fehlen eines Berufsfischers, den Anglern nur dankbar sein kann, die sich durch Massenfänge dieser Fische als Heger und Pfleger ihres Gewässers betätigen. Das trifft insbesondere auch auf solche Gewässer zu, in denen der Raubfischfang durch Angler überwiegt.

Die Schnur sollte möglichst dünn, aus Gründen der Sicherheit aber auch nicht schwächer als 0,20 mm sein. Damit ist man jedem Brassen gewachsen, vorausgesetzt man fischt mit Rolle. Mehr als einmal ging mir bei dieser Methode schon ein Karpfen an den Köder, und plötzlich ist man froh, eine Rolle montiert zu haben.

Breiten Raum in der Angelliteratur nimmt die Behandlung der Köder ein. Von der Wespenlarve bis zur Käserinde wird meistens alles aufgezählt, was Aussicht hat, jemals von einem Brassen gefressen zu werden. Ich will es kürzer machen und mich nur auf solche Köder beschränken, mit denen man Brassen nicht nur vereinzelt, sondern in großen Mengen fangen kann. Es bleiben von allen nur denk- und freßbaren Dingen nach genauer Prüfung eigentlich nur vier Köder übrig, und ich nenne sie in der Reihenfolge ihrer Fängigkeit, die zugleich auch eine Rangliste der Häufigkeit darstellt, mit der ich sie verwende. Es sind dies: Maden, Brotflocken, Brotkrusten, kleine Rotwürmer und gekochte Kartoffeln.

Maden sind in dieser kleinen Liste also Favoriten, und ich kenne zur Zeit keinen besseren Köder. Allerdings muß man die nicht gerade angenehm duftenden Tierchen richtig anködern. Ich bündele etwa 5–6

Ein zufriedener Zanderangler auf dem Heimweg

Im Kescher vorgezeigt: ein guter Zander

Stück, wobei ich sie nur sehr vorsichtig an ihrem stumpfen Ende mit
der Hakenspitze durchstoße. Sie dürfen dabei nicht auslaufen, weil sie
dadurch absterben und sich nicht mehr bewegen. Die kribbelnde Bewegung eines solchen Madenbündels ist aber eine wichtige Voraussetzung
für den Erfolg. Unzweckmäßig ist es auch, mit weniger als 5–6 Maden
zu angeln, weil sich dann sehr leicht die kleinen Brassen daran fangen
und man auf die Zwei- und Mehrpfünder vergebens warten wird. Die
Abb. 21 zeigt die richtige Anköderung der Maden.

Wie man sieht, lasse ich die Hakenspitze frei. Und obwohl ich damit
gegen alte Anglerregeln verstoße, hat sich das auf meinen Erfolg bisher
recht günstig ausgewirkt. Schließlich muß jede
im Köder versteckte Hakenspitze beim Anschlag
immer erst den mehr oder weniger festen Köder
durchdringen. Dabei kann soviel Energie vom Anhieb verlorengehen, daß es zu einem Eindringen
ins Maul des Fisches nicht mehr reicht. Die Folge
sind Fehlbisse. Die freiliegende Hakenspitze stört
die Fische nach meinen bisherigen Erfahrungen
überhaupt nicht, und ich lasse daher mit gleichem Erfolg auch beim Fischen mit dem Wurm
den Haken herausschauen. Auch hier steche ich
die Hakenspitze nur einmal durch die Verdickung
am vorderen Wurmende. Damit bleibt der Wurm
in seiner gesamten Länge frei beweglich und kann
somit viel leichter als bei der üblichen Anköderung die Aufmerksamkeit der Fische erregen.

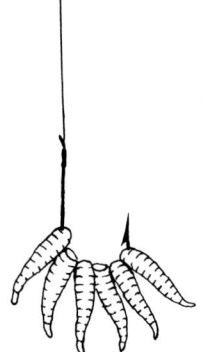

Abb. 21. Mindestens
5–6 Maden am Ha-
ken Nr. 8 bis 10. Ha-
kenspitze muß frei
bleiben

Zwar spielt der Geruch der Nahrung bei den
meisten Friedfischarten und insbesondere den Brassen bei der Nahrungssuche eine große Rolle, aber auch die Bewegung ist ein wesentli-
ches Element und darf nicht außer acht gelassen werden. Das kann man
z. B. immer dann feststellen, wenn die Bisse weniger häufig kommen
und sich eine Beißpause einstellen will. In solchen Fällen hat der ruhig
am Boden liegende Köder trotz intensiver Geruchswirkung kaum noch
eine Chance, genommen zu werden. Sowie man aber den Köder ein
wenig anhebt und wieder absinken läßt, erfolgt sehr oft dann doch ein
Biß. Man kann auf diese Weise noch mehrere Fische fangen, obwohl
eigentlich keine rechte Neigung zum Fressen mehr besteht.

Sind die Fische aber auch durch Bewegungen des Köders nicht mehr
zum Anbiß zu bringen, ist das ein Zeichen, daß sie sich zur Ruhe
zurückgezogen haben. Dabei stehen sie dann gewöhnlich etwa 20 cm

über dem Boden. Hängt man ihnen aber den Köder, indem man die Stellung der Pose auf der Schnur entsprechend verändert, fraßgerecht vors Maul, läßt sich der eine oder andere Fisch manchmal doch noch überlisten. Alles, was bisher gesagt wurde, gilt für das Angeln in stehendem oder nur sehr schwach fließendem Wasser.

In schnellfließenden Gewässern wird eine kleine Änderung notwendig. An die Stelle der geteilten Bleibeschwerung tritt ein durchbohrtes

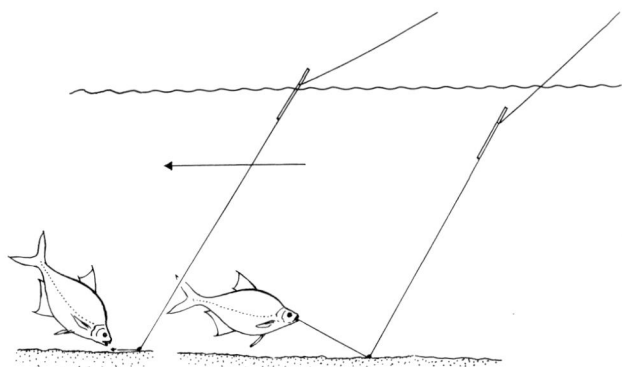

Abb. 22. Brassenfischen im Fließwasser. Die Pose kann das durchbohrte Blei gerade nicht mehr tragen

Blei, das gerade von der Pose nicht mehr getragen wird. Der Abstand zwischen Haken und Laufblei wird nach wie vor auf 10 cm beschränkt, und anstelle von gekochter Weizenkleie und eingeweichtem Brot nimmt man zum Anlocken größere Stücke gekochte Kartoffel oder feste Knödel aus mehlhaltigen Substanzen. Beim Einwerfen des Lockfutters muß man darauf achten, daß es dort den Grund erreicht, wo man seine Angel auswerfen will.

Nach dem Ausloten der Wassertiefe stellt man die Pose je nach Wassertiefe und Strömungsgeschwindigkeit zwischen 20 und 80 cm tiefer als gelotet ein. Nach dem Einwurf, der immer stromab erfolgen muß, wird die Rute in einen Halter gelegt und danach soviel Schnur aufgerollt, bis der Schwimmer nur noch wenige cm aus dem Wasser ragt. Bei einem Anbiß verschwindet die Pose unter der Oberfläche, und der Anhieb muß auch in diesem Fall unverzüglich gesetzt werden, will man nicht das Nachsehen haben.

Bei sehr starker Strömung, etwa bei Hochwasser, habe ich die Pose auch schon gänzlich weggelassen und mich nur auf die Klopfgeräusche in der Rute verlassen. Derartiges Fischen setzt aber stetige Aufmerksamkeit voraus, denn die Hand muß ständig an der Rute bleiben. Nur in Ausnahmefällen wende ich deshalb diese Methode an.

Große Karpfen gibt es mehr, als mancher glaubt!

Großen Karpfen sagt man nach, sie seien schlau wie Füchse, und die Tatsache, daß sie so alt geworden sind, scheint diese Vermutung zunächst auch zu bestätigen. In Wahrheit aber ist es so, daß nur die mangelnde Geduld vieler Angler die Karpfen so alt werden läßt.

Unter den über drei Dutzend Kapitalen, die bisher an meiner Rute ihren letzten Kraftakt machten, war keiner, der nicht auch ein gehöriges Maß abgesessener Stunden erfordert hätte. Immer aber habe ich mich dabei an den Grundsatz gehalten: zum Karpfenfang nur eine Rute, auch wenn man dadurch möglicherweise unter die Schneider gerät. Nur diese eine Rute bringt auf die Dauer den Erfolg, weil nur sie allein sich so konzentriert beobachten läßt, wie es beim Karpfenfischen nötig ist. Es gibt dann nichts, was stören könnte, weder die scheuen Großkarpfen bei der Futtersuche noch den Angler beim ersehnten Drill. Ein gehakter Karpfen hat nämlich sehr schnell aus den Schnüren mehrerer ausgelegter Ruten Schnursalat gemacht und dann ist es zu spät. Wer große Karpfen fangen will, darf sich durch die kleineren Exemplare nicht aus der Ruhe bringen lassen. Sie sind nämlich die ersten, stellen sozusagen die Vorhut dar, hinter der sich die großen heranpirschen. Daß sie da sind, merkt man an den immer kräftiger werdenden Bewegungen der Pose. Die kleinen knabbern an dem großen Köder, schieben und stupsen ihn herum, ohne indessen mit ihrem kleinen Maul den großen Brocken bewältigen zu können. Kein Köder hält solche Behandlung allerdings längere Zeit hindurch aus ohne größeren Schaden zu nehmen, und so wird man von Zeit zu Zeit einmal nach dem Rechten schauen müssen.

Wer bei solchem Geknabbere nervös wird und anfängt, den Köder nach jedem Abfressen kleiner zu machen, nur um überhaupt einen Fisch nach Hause zu bringen, ist auf dem besten Weg, die großen zu vergrämen. Wer aber allen Anfechtungen trotzt und den endlich abge-

Abb. 23. Es zieht ganz schön in den Armen .
Photo: Verfasser

fressenen Köder immer wieder in seiner ursprünglichen Größe anbietet, dessen Geduld muß eines Tages zwangsläufig belohnt werden. Dann nämlich, wenn sich die dicken Burschen langsam näher schleichen und nehmen, was für sie bestimmt ist.

Natürlich darf man vor Angelbeginn das Lockfutter nicht wie ein Sämann ausgestreut haben. Neben der Geduld kommt es beim Karpfenfischen nämlich in besonderem Maße auch auf das richtige Anfüttern an. Nicht zentnerweise eingeworfene Kartoffeln bringen hier den Erfolg, sondern die richtige Dosierung.

Ich werfe vor Angelbeginn grundsätzlich fünf große gekochte Kartoffeln ein, die ich vorher halbiert habe. Diese zehn Kartoffelstücke werden dann auf eine höchstens einen qm große Fläche verteilt, und genau an diese Stelle kommt auch der beköderte Haken. Nur durch diese Konzentration auf einer möglichst kleinen Fläche erreicht man, daß der Köder von den Karpfen auch gefunden werden kann. Während sie ihre Arbeit mit den großen Futterbrocken haben, finden sie mit Sicherheit das angeköderte kleinere Kartoffelstück.

Abb. 24. Kapitaler Karpfen kurz vor der Landung. Photo: H. Brozio

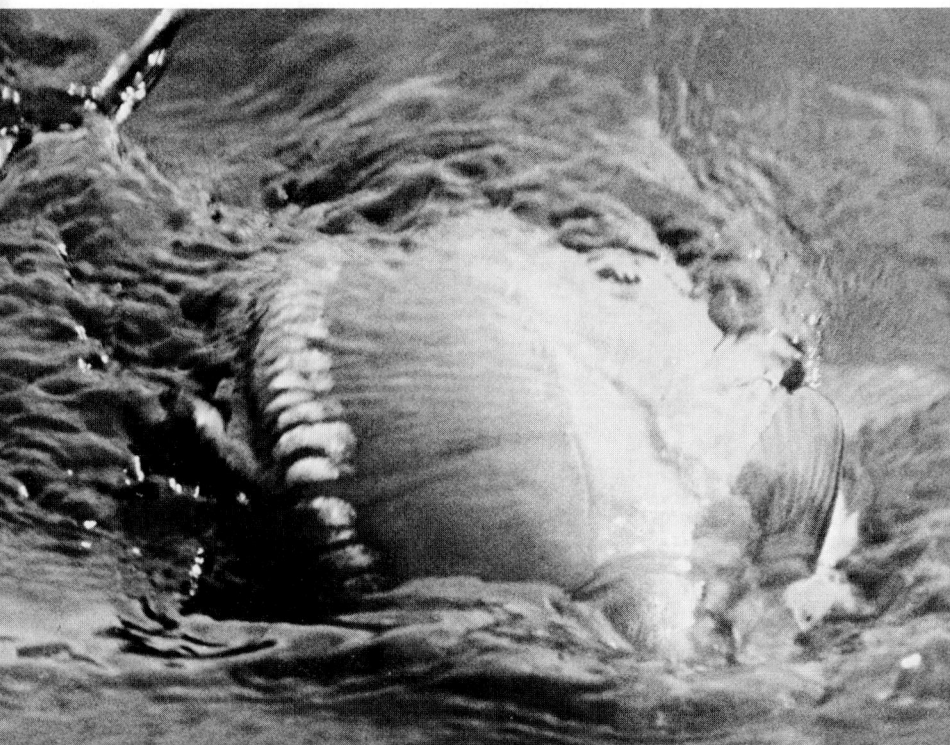

Die zum Anfüttern benutzten großen Köderbrocken bieten mehrere Vorteile. Einmal hält die Lockwirkung sehr lange an, weil auch die großen Karpfen viel Zeit zur Zerkleinerung gebrauchen, und zum anderen locken große Köderbrocken nicht solche Mengen von Kleinfischen an, wie es beim Einwurf zerkleinerten Futters leicht der Fall ist. Bevor man sich auf Großkarpfen ansetzt, muß man aber in jedem Fall erst einmal feststellen, wo sie sich bei ihrer Nahrungssuche hauptsächlich aufhalten. Es hat wenig Sinn, seine Angel an irgendeiner Stelle des Gewässers auszuwerfen, nur weil ein guter Freund einmal behauptet hat, daß Karpfen sich im tiefen Wasser aufzuhalten pflegen.

Das Gegenteil ist meistens der Fall, und wenn man sich die Mühe macht, die Karpfen einige Tage zu beobachten, dann wird man feststellen, daß sie ihre Purzelbäume immer an bestimmten Stellen des Gewässers vollführen. Verbindet man die Punkte, an denen solche Sprünge stattgefunden haben, durch eine Linie, hat man damit den ungefähren Weg ermittelt, den die Fische bei ihrer Nahrungssuche nahmen. Diese Wege führen immer über irgendwelche seichteren Stellen im Gewässer, und genau an diesen Plätzen muß man sich ansetzen, will man nicht wochenlang vergebens auf einen Anbiß warten.

Wenn in der Nähe der ausgelegten Angel ein Karpfen steil aus dem Wasser schießt, dann nehme ich die Rute vorsichtshalber schon in die Hand, denn springende Karpfen fressen auch. Aber oft springen sie nicht und fressen trotzdem.

In den Monaten Juli und August sieht man solche Sprünge häufig, und diese Monate sind auch die für den Karpfenfang am aussichtsreichsten. Auch die Monate April und Mai sind günstig, aber auch zwischen September und Dezember braucht man seine Karpfenrute nicht einzumotten. Selbst an einem milden Februartag ging mir beim Rotaugenfischen einmal ein kapitaler Karpfen an den Haken. Nicht die Jahreszeit ist für den Fangerfolg maßgebend, sondern die Wassertemperatur an der jeweiligen Angelstelle. Das gilt übrigens für alle anderen Fischarten auch. Deshalb ist z. B. auch ein in den Wintermonaten gefangener Aal durchaus kein so sensationelles Ereignis, wie viele Angler meinen. Auch in den Wintermonaten steigen die Lufttemperaturen an Tauwettertagen manchmal auf Werte von 10–12° C an. Das reicht völlig aus, um die Winterschläfer unter den Fischen zu neuem Leben zu erwecken.

Beim Karpfenfang hat es wenig Sinn, den ganzen Tag am Wasser zu verbringen, denn die Freßzeiten dieser Fische liegen in den frühen Morgen- und Abendstunden. Selbst bei völliger Dunkelheit darf man Anbisse erwarten. Nur an dunklen Tagen, möglichst noch mit leichtem, warmem Nieselregen, kann man gelegentlich auch über Tag in Schweiß geraten, denn Schweiß kostet der Drill eines Karpfens ab 10 Pfd. aufwärts immer, und sei es auch nur wegen der damit verbundenen Aufregung.

Kartoffelstücke von etwa Walnußgröße sind schon vielen Karpfen zum Verhängnis geworden, nicht nur an meiner Rute. Allerdings sollte man sich die Mühe machen, die Kartoffeln selbst zu kochen. Sie müssen butterweich sein, ohne jedoch dabei bröckelig zu werden. Die richtige Garzeit zu finden, ist eine Kunst, die sogar in krassem Gegensatz zu einer vielverbreiteten Meinung steht, die besagt, Karpfenkartoffeln dürften nur halbgar gekocht werden. Es mag sein, daß in besonders gelagerten Fällen auch solche harten Brocken genommen werden. Es ist aber eine nicht zu leugnende Tatsache, daß alle Friedfische eine Vorliebe für sehr weiche Köder hegen. An richtig weichgekochten Kartoffeln haben bei mir schon so viele Karpfen Geschmack gefunden, daß ich gar nicht daran denke, sie jemals in halbgarem Zustand anzubieten. Im Gegenteil, seit einiger Zeit bin ich auf noch weichere Köder übergewechselt. Mit Erfolg übrigens, wie sich bald herausstellte.

Sehr viel weicher, aber auch teurer als Kartoffeln sind Köder aus dem weichen Inneren eines ofenfrischen Weißbrotes. Die Betonung liegt hierbei auf „ofenfrisch", denn nur dann läßt es sich auf die von mir erprobte Art verwenden. Älteres Brot ist schon zu ausgetrocknet und fängt an zu krümeln.

Ein etwa walnußgroßes Stückchen aus dem pappigen Inneren des Brotes wird durch leichtes seitliches Drücken am Haken befestigt, wie Abbildung 25 links zeigt.

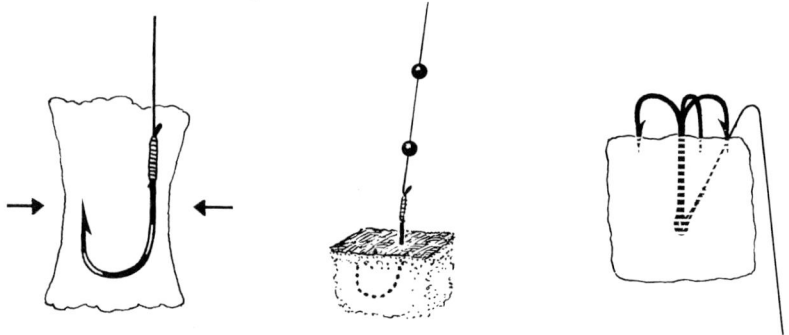

Abb. 25. Links: Brotflocke nur seitlich andrücken. Mitte: Krustenkder. Rechts: So wird der Drilling beködert

Dabei darf man weder zu fest noch zu schwach drücken. Im ersten Fall wird der Köder im Wasser steinhart, im zweiten löst er sich nach dem Einwurf vom Haken und schwimmt auf. Den richtigen Anpreßdruck wird man für jede Brotsorte gesondert ermitteln müssen. Im Idealfall, das heißt bei völlig richtigem Anködern, bleibt das Brot am Haken, sinkt mit diesem zu Boden und quillt dort zu etwa doppelter Größe auf. Sollten ängstliche Gemüter daran zweifeln, ob ein derart großer Brocken von den Karpfen noch genommen wird, so möchte ich sie beruhigen. Er wird, sofern Karpfen den Angelplatz aufgesucht haben, auch genommen, selbst von kleineren Exemplaren.

Je frischer das Weißbrot ist, um so besser hält es auch am Haken, und bei vorsichtigem Anheben hält es sogar einen neuen Einwurf aus. Diese Methode ist nicht identisch mit einer ähnlichen, die ich gelegentlich auch anwende und bei der ein trockenes Stückchen Weißbrot mit der anhaftenden Kruste angeködert wird. Bei dieser Methode sticht man den Haken durch die feste Kruste, muß dann aber damit rechnen, daß ein solcher Köder vom Grund aufschwimmt. Bleischrote in der Nähe des Hakens verhindern das (Abb. 25 Mitte).

Auch beim Fischen mit Weißbrotköder nehme ich Kartoffeln in der

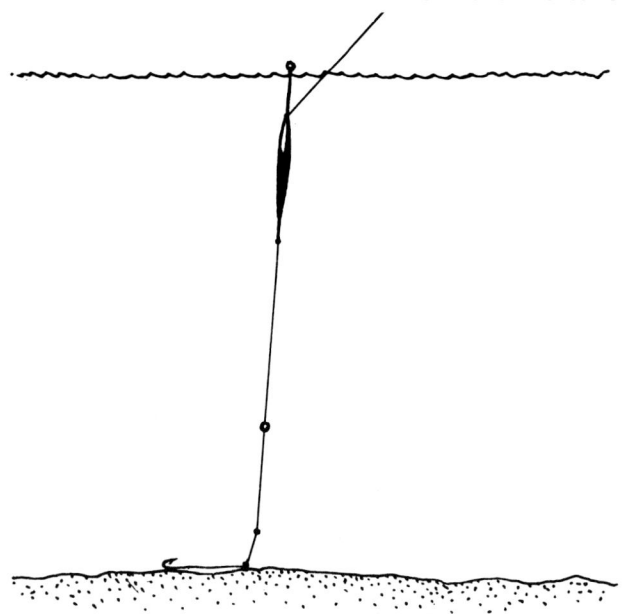

Abb. 26. Gerätezusammenstellung für nicht zu stark fließendes Wasser

beschriebenen Art als Lockköder. Zusätzlich werfe ich aber noch sehr sparsam etwas von dem vorher eingeweichten und stark wieder ausgepreßten Weißbrot an der Angelstelle ein. Mit dem Weißbrotköder habe ich meinen bisher stärksten Karpfen gefangen, daneben aber auch eine respektable Reihe kleinerer Exemplare.

Ich sagte schon zu Anfang, daß ich mit der Rücklaufsperre an meiner Stationärrolle schlechte Erfahrungen gemacht habe, wenn sie eingeschaltet war und ein kapitaler Bursche plötzlich einen Drill verlangte. Unter Spannung ließ sie sich nicht lösen, und die Schleifbremse reagierte völlig anders als anläßlich einer Probeeinstellung. Seither schalte ich beim Karpfenfang die Rücklaufsperre ab und ziehe die Sternmutter der Schleifbremse ganz fest. Beim Drill arbeite ich dann nur noch mit der Rollenkurbel, die sich nun sowohl vorwärts als auch rückwärts drehen läßt. Dadurch habe ich den so notwendigen Kontakt mit meinem Fisch und verhindere, daß er mir bei unkontrollierbaren Fluchten unter Benutzung der Schleifbremse die Schnur zu sehr verdrallt. Einen großen Fisch muß man fest im Griff haben, deshalb darf er ohne den ausdrücklichen Willen des ihn führenden keinen Meter Schnur von der Rolle ziehen können.

Große Karpfen erfordern gutes Gerät, deshalb sollte die Schnur nicht länger als ein Jahr auf der Rolle bleiben. Daneben ist eine Mindestlänge von 100 m erforderlich, denn besonders die großen Wildkarpfen können schon bei der ersten Flucht bis 80 m von der Rolle ziehen.

Auch beim Karpfenfischen verzichte ich auf ein Vorfach und knüpfe den Haken direkt an die Hauptschnur, wobei ich Öhrhaken der Größe 3–4 aus Flachstahl bevorzuge.

Habe ich besonders große Karpfen beobachtet, benutze ich gelegentlich auch Drillinge. Mehrere vom Einzelhaken abgekommene Großkarpfen gaben dafür den Ausschlag. Vom Drilling ist mir noch keiner von den Großen abgekommen. Nichts ist nämlich ärgerlicher, als wenn ein nach tagelangem Ansitz endlich überlisteter Karpfen nach einer mehr oder weniger langen Drillzeit plötzlich wieder das Weite sucht. Der Köder wird ohne Ködernadel auf folgende Weise am Haken befestigt. Man drückt den Drilling mit dem Hakenstiel voran in den Köder, bis die Hakenbögen verschwunden sind. Das oben heraushängende Schnurstück wird dann nach unten gezogen, wobei es den Köder seitlich leicht aufschlitzt. Abb. 25 rechts macht das deutlich.

Wie lang das Schnurstück sein muß, daß am Boden aufliegt, darüber gibt es viele Theorien. Ich schwöre natürlich auf meine Methode, bei der das aufliegende Schnurstück nur eine Länge von etwa 15 cm hat.

Der Vorteil hierbei ist, daß ich jeden noch so zaghaften Biß erkennen kann, gleichgültig, ob ich mit dem Laufblei im Strom fische oder im stehenden oder nur schwach fließenden Wasser mit festgeklemmter Bleibeschwerung arbeite.

In nicht zu stark fließendem Wasser benutze ich dabei eine Pose, wie sie sich auch zum Brassenfang sehr gut bewährt hat. Auch hier befindet sich die Masse der Bleibeschwerung sehr weit vom Haken entfernt, und nur einige kleinere Schrote, die den Fisch nicht sonderlich stören, sitzen in Hakennähe. Die Abb. 26 veranschaulicht diese Anordnung.

Ist das Karpfengewässer besonders flach und sichtig, empfiehlt sich die Anwendung einer Wasserkugel als Pose. Führt man die Schnur nur durch eines der beiden Löcher der Kugel ergibt sich sogar eine wunderbare Laufpose. Die Kugel wird zu etwa ³/₄ mit Wasser gefüllt. Dadurch vermindert sich der Auftrieb, während sich das Gewicht erhöht. Durch den verminderten Auftrieb kommt man mit sehr wenig Bleibeschwerung aus, wenn man sie nicht sogar völlig weglassen kann. Das erhöhte Gewicht hingegen erlaubt sehr weite Würfe, wie man sie beim Fischen in solchen Gewässern anwenden muß, um von außerhalb der Sicht der Fische her den Köder anbieten zu können. Da aber viele Köder solche mit großem Schwung geführten Würfe selten aushalten, empfiehlt sich die Anwendung von Krustenködern.

Wenn Karpfen beißen, dann lassen sie sich von diesem Vorhaben so leicht durch nichts abbringen. Selbst ein vom Haken abgekommener Fisch muß nicht unbedingt das Ende eines Angeltages bedeuten. Wer seinen Zorn dann so zügeln kann, daß er seine Rute nicht hinter dem abgekommenen Fisch herwirft, darf durchaus noch darauf hoffen, weitere Bisse zu bekommen.

Hängt aber einer wirklich fest am Haken, dann ist Ruhe erste Erfordernis. Dazu stellt man sich für die Zeit des Drills am besten stocktaub, um die vielen weisen Ratschläge der Umstehenden nicht

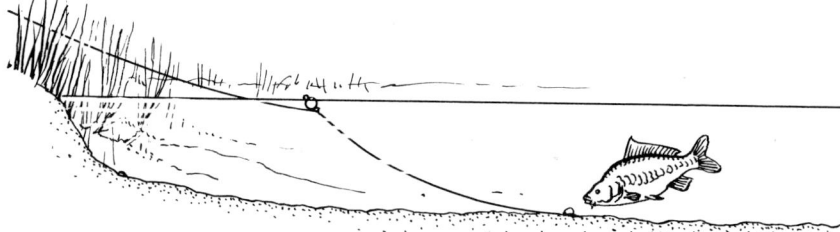

Abb. 27. Karpfengerät für flache Gewässer

anhören zu müssen, mit denen diese dann nicht zu geizen pflegen. Es wird selten soviel Unsinn in so kurzer Zeit geredet, wie in solchen Situationen.

Auch wenn die Knie anfangen zu zittern, was durchaus kein Zeichen von Schwäche zu sein braucht, darf man die Hoffnung nie aufgeben. Die Chancen stehen nicht schlecht, daß wir den Fisch bekommen. Er verliert bei seiner Niederlage das Leben, und er scheint es auch zu ahnen, der Angler kommt allenfalls um sein ersehntes Foto. Man kommt mit Sicherheit ans Ziel, wenn man dem Fisch zuerst den Willen läßt. Die Schnur ist neu, der Haken scharf, und die Rute knackt noch nicht verdächtig in ihren Eingeweiden. Was sollte also schon passieren? Nur die Rollenkurbel ist jetzt bei der Arbeit. Mal dreht sie vorwärts – wenn die Fluchten lahmer werden –, dann wieder rückwärts, wenn er wieder stärker zieht. Auf diese Weise habe ich schon manchem Karpfen die Lust zum Weiterziehen genommen. Bereitwillig folgt er bald dem Zug der Schnur, um sich vom wartenden Keschernetz umgarnen zu lassen. Aber erst, wenn er wirklich an Land liegt, sollte der Seufzer der Erleichterung kommen, denn sicher ist sicher.

Auch Zander lassen sich fangen

Was für den Flugangler die Äsche, ist für den Grundangler der Zander. Wenn es überhaupt angebracht ist, eine Klassifizierung der Fische vorzunehmen, dann gebührt dem Zander als Beuteobjekt des Grundanglers meiner Meinung nach der erste Platz. Nicht nur weil sein Fleisch so wohlschmeckend ist, daß es selbst mich als ausgesprochenen Gegner des Verzehrs selbstgefangener Fische dieser Voreingenommenheit untreu werden läßt, sondern auch deshalb, weil etwas mehr dazu gehört, ihn zu überlisten, als nur das Hineinhalten eines beköderten Hakens ins Wasser. Obwohl Zander Raubfische sind, bringt noch längst nicht jedes angesteckte Köderfischchen einen Biß, und ein Biß wiederum ist noch keine Gewähr für geräucherten Zander auf der Speisekarte.

Zander haben etwas gegen klares sichtiges Wasser, und ihre mimosenhafte Empfindlichkeit gegen Posen, Laufbleie und Schnüre, überhaupt gegen alles, was nach Angel riecht, kann uns Angler manchmal

Abb. 28. Immer mehr und größere Zander. Photo: G. Metzner

fast zur Verzweiflung bringen. Abziehende Schwimmer, die nach einer mehr oder weniger langen Wartezeit ohne erkennbaren Grund plötzlich wieder auftauchen, und Köderfische, die nach einer ersten oberflächlichen Prüfung keinen Hinweis auf einen der unsichtbaren Räuber geben, kommen meistens auf das Konto von Zandern.

Gegen wiederauftauchende Posen gibt es ein einigermaßen sicheres Mittel, gegen sichtiges Wasser leider nicht. Ihre Abneigung gegen solches Wasser demonstrieren die Zander durch schlechte Beißlust. Das ist keine leere Redensart, sondern für Fachleute eine feststehende Tatsache. So habe ich z. B. Gelegenheit, seit Jahren in einem etwa 3 m tiefen Schiffahrtskanal auf diese Fischart zu angeln. Sie scheint sich auf dem sandigen Untergrund dort recht wohl zu fühlen, und die Schiffe stören sie weniger, als man glauben könnte.

Mit diesem Kanal hat es nun eine besondere Bewandtnis. Er bringt nämlich wochentags Zander an die Angel, sonntags aber selten. Anfangs glaubte ich noch an Zufall, nachdem sich aber die Mißerfolge an den Sonntagen häuften, mußte es einen besonderen Grund dafür geben, und bald kam ich dahinter, daß nur der fehlende Schiffsverkehr an Sonn- und Feiertagen die Ursache sein konnte. Das Wasser ist an solchen Ruhetagen nämlich unerhört klar, während an den Wochentagen die Schiffsschrauben genügend Boden aufwirbeln, um das Wasser stark zu trüben. Ein weiterer Beweis war auch die schlechte Beißlust der Zander vor dem Beginn des Schiffsverkehrs an den Wochentagen. Der erste Biß kam gewöhnlich erst, nachdem das über Nacht klar gewordene Wasser sich durch den beginnenden Schiffsverkehr wieder getrübt hatte. Zander lieben also die Dunkelheit und scheuen das Licht, und wenn man sich die ausdruckslosen Pupillen ihrer glasigen Augen ansieht, wird man in dieser Ansicht bestärkt.

Trotz des klaren Wassers in diesem Kanal an den Tagen, an denen die Schiffahrt ruhte, habe ich dann während der Nachtstunden oftmals doch guten Erfolg beim Fischen auf Zander gehabt, und auch diese Tatsache zeigt deutlich den Zusammenhang zwischen der Lichtempfindlichkeit und der Beißlust des Zanders.

Eine Ursache für diesen interessanten Sachverhalt kann man nur vermuten, wenn sie inzwischen nicht schon wissenschaftlich bewiesen wurde. Bekanntlich kommen Zander von Natur aus nicht in allen Gewässern vor. Man findet sie gewöhnlich nur dort, wo das Wasser stark getrübt ist. In andere Gewässer sind sie durch Einsetzen von Brut oder Satzfischen gelangt. Sind diese Gewässer nun entgegen dem Bedürfnis der Zander nach Dunkelheit sehr klar, dann werden sie sich

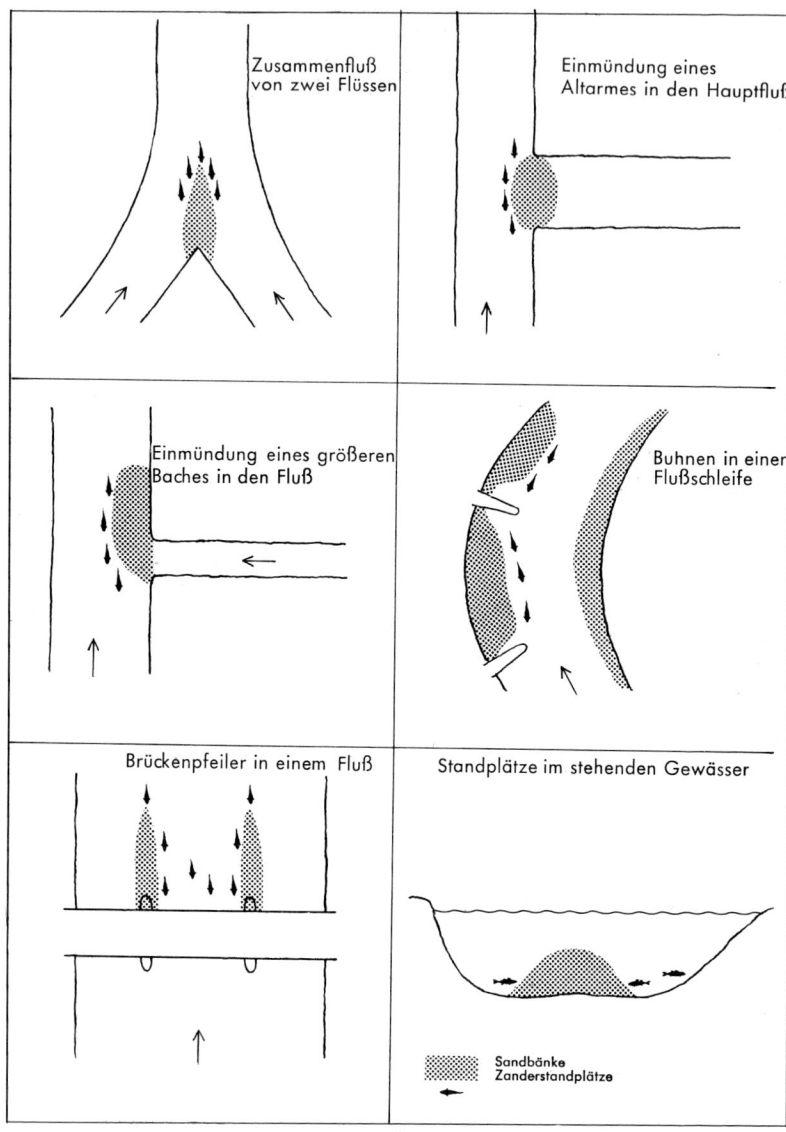

Abb. 29. Günstige Angelplätze für Zander

am Tag an die tiefsten Stellen zurückziehen und nur in den Dämmerungs- und Nachtstunden in seichtere Gebiete vordringen. Ihre Augen können die für sie ungewohnte Helligkeit offenbar nicht vertragen, und so liegt denn auch hier einer der Schlüssel zum Erfolg. Bei hellem Wetter und klarem Wasser muß man die Fische in der Tiefe suchen, bei Dunkelheit und trübem Wasser hingegen mehr in den flacheren Gewässerteilen. Dabei sollte allerdings eine unmittelbare Verbindung zwischen dem tiefen und flachen Wasser bestehen. Solche Stellen, besonders wenn der Untergrund dort sandig ist, werden von Zandern gern aufgesucht, und nur dort lohnt es auch, sich auf diese stacheligen Burschen anzusetzen. Die Abb. 29 auf der Seite 78 zeigt einige markante Plätze, an denen die Natur solche günstigen Voraussetzungen geschaffen hat und die auch von weniger geübten Anglern schnell ausgemacht werden können. Allerdings gehört auch hier wiederum zur unumgänglich notwendigen Ausrüstung ein Lotblei, mit dem man leicht die genaue Lage der Sandbänke feststellen kann. Wenn man auf diesen Sandbänken außerdem noch Gründlinge herumschwimmen sieht, dann sind die Voraussetzungen für den Angelerfolg auf Zander schon fast zur Hälfte gegeben.

Der beste Angelplatz alleine ist aber noch nicht in der Lage, Zander aus dem Wasser zu zaubern, wenn man nicht zugleich auch etwas gegen ihre schon erwähnte Überempfindlichkeit gegen eine unzweckmäßige Ausrüstung unternimmt. Zwar gibt es auch bei ihnen sogenannte Freßtage, an denen sie unbesehen alles hinunterschlingen, was ihnen vor das Maul gerät. Diese Tage sind aber derart selten, daß sich das Warten darauf nicht lohnt. Während der übrigen Zeit kommt es leicht zu den beim Zanderfischen bekannten Erscheinungen: Wiederauftauchen der Pose beim Fischen mit der Schwimmerangel und Nachlassen des Zuges an der Schnur beim Fischen mit dem Laufblei ohne Pose. Zander sind eben Meister im Wiederloslassen des Köders, besonders, wenn die falsche Zusammenstellung des Geräts sie dazu ermuntert. Es ist ein grundlegender Unterschied, ob ein Hecht oder ein Zander mit der Pose seine Wanderung beginnt. Hechte werden um so kräftiger zubeißen, je größer und stärker der Auftrieb des Schwimmers ist. Für sie ist der Zug nach oben identisch mit der Kraftanstrengung ihres Beutefisches, sich wieder zu befreien. Durch kräftiges Zusammenpressen der Kiefer suchen Hechte diese Befreiungsversuche zu vereiteln.

Ganz anders ist in ähnlichen Fällen die Reaktion eines Zanders. Er wird beim geringsten Widerstand den Beutefisch sofort wieder loslassen, falls der zufällig in seinem Maul hängengebliebene Haken ihn nicht schon daran hindert. In seltenen Fällen greift er auch wohl ein zweites Mal zu, aber es lohnt sich nicht, die Strategie beim Zanderfang auf solche Glücksfälle aufzubauen.

Beim Fischen mit der Posenangel, wie ich sie in stehenden oder nur sehr schwach strömenden Gewässern gern benutze, kommt es deshalb darauf an, die Bleibeschwerung sehr genau mit der Pose auszubalancieren. Es darf fast kein Auftrieb mehr verbleiben. Man kann das nur durch Probieren erreichen, nicht aber indem man diese Buchseite flüchtig überliest. Eine Pose von der

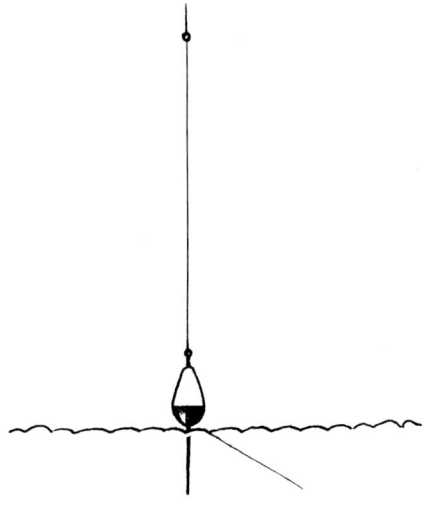

Abb. 30. Zanderpose mit gut sichtbarer Antenne

Form, wie sie die Abb. 30 zeigt, eignet sich sehr gut für diesen Zweck.

Ich beschwere diesen Schwimmer so, daß ausschließlich die Antenne, nicht aber auch noch ein Teil des Schwimmkörpers aus dem Wasser ragt. Ein derart fein abgestimmter Bißanzeiger würde nun aber völlig seinen Zweck verfehlen, gäbe man der Schnur keine Möglichkeit, ihm bei einem Anbiß ebenfalls ohne jeden Widerstand zu folgen. Zander, die bei zugeklapptem Schnurfangbügel die Rollenknarre betätigen sollen, können nur Selbstmörder sein. Selbst ein Gummiband, unter das die Schnur geklemmt wurde, kann des Guten schon zuviel sein, und so benutze ich auch nichts dergleichen. Bevor es nun einem abziehenden Fisch einfallen könnte, trotz aller Sorgfalt doch noch seiner Unart zu frönen, setze ich bereits den Anhieb. Sowie die Pose wegtaucht, schlage ich an und lasse es dadurch erst gar nicht dazu kommen, daß mir der Fisch sein Mißtrauen in so augenfälliger Weise zeigt. Die scharfe Spitze des Hakens trifft ihn schon, bevor er solcher „Überlegungen" fähig wäre. Aber aus noch einem anderen Grund greife ich beim Anbiß sofort zur Rute. Ein Zander, den man zu weit abziehen läßt, nimmt als Rudelfisch auch seine Kumpanen mit auf diesen Weg. Je weiter die weggetauchte Pose vom Angelplatz entfernt ist, um so weiter haben sich auch die übrigen Zander vom Angler entfernt, und es wird nicht leicht sein, nach der Landung diese Stelle wieder genau

Diese Nase mochte gerade den Rotaugenköder

Schleie mit Keschermaß

anzuwerfen. Beim sofortigen Anhieb aber bleibt das Rudel an der Angelstelle und läßt sich auch durch die Befreiungsversuche seines Stammesbruders nicht so schnell vertreiben. Dadurch gelingt es leichter, auch die restlichen Burschen an den Haken zu bringen. Schon oft konnte ich auf diese Weise mehrere gute Exemplare unmittelbar hintereinander landen.

Dieses „Biß-auf-Biß-haben" ist beim Zanderangeln eine häufig zu beobachtende Erscheinung, aber eben nur, wenn man es richtig anfängt. Besonders in der Abenddämmerung, kurz nach Sonnenuntergang, habe ich schon oft in nur metertiefem Wasser die nun aus dem tiefen Wasser heraufkommenden Zander in beißfreudiger Stimmung angetroffen.

Auch die Nachtstunden sind recht günstig. Hinzu kommt, daß fast alle Fische während der Dunkelheit weniger scheu und deshalb auch leichter zu fangen sind als bei Tage. So kommt es nachts auch nicht so oft zum Loslassen des Köderfisches, und es genügt daher, wenn man in gewissen Zeitabständen die Wasseroberfläche mit einer Taschenlampe ableuchtet und die Schwimmer zählt. Fehlt einer, dann nimmt man den Kescher besser gleich zur Hand, denn einen Zander zur mitternächtlichen Stunde mit den Händen greifen zu wollen, kommt auf das gleiche hinaus, als würde man ähnliches mit einem Igel versuchen. Mit der Hand gelandete Zander hinterlassen oft abgebrochene Stacheln in den Fingern, die man nachher mit einer Pinzette mühsam wieder herausziehen muß.

Da ich schon bei völliger Finsternis mit Gründlingen als Köder Zander fing, habe ich eine gewisse Hochachtung vor den Fähigkeiten dieser Fische bekommen. Ihren sehr gut funktionierenden Sinnesorganen, wobei die Augen sicher eine überragende Rolle spielen, entgeht so leicht nichts. Schließlich sind Gründlinge schon bei Tageslicht im Wasser sehr schlecht auszumachen, jedenfalls aus meiner Sicht.

Während der Laichzeit versammeln sich die Zander zu Hunderten an ihnen zusagenden Gewässerstellen. Hat man solche Plätze einmal entdeckt, kann man dort im Frühjahr nach Beendigung der Schonzeit für kurze Zeit sehr gute Beute machen. Die Zander sind dann sehr gefräßig, allerdings sollten die angebotenen Köderfische nun noch kleiner als sonst sein. Große Köder sind im Frühjahr nicht gefragt, eine Erscheinung, die ich auch beim Hechtfang in ähnlicher Weise beobachten konnte. Wahrscheinlich können sich die Verdauungsorgane dieser Fische nach der naturbedingten langen Einschnürung durch die Laichprodukte nicht so schnell wieder ausdehnen, wie es eigentlich notwendig wäre.

Mit Fischen von nur etwa 5–7 cm Länge am Haken wird man in der ersten Jahreshälfte daher gute Aussichten haben, am abendlichen Stammtisch ein Wörtchen mitreden zu können. In der zweiten Jahreshälfte gehe ich dann allmählich zu größeren Ködern über, bleibe aber beim Zanderfang immer unter der für Hechte übliche Norm.

Ob man Lippen- oder Rückenköderung vorzieht, ist nicht etwa Geschmacksache, sondern richtet sich nach der Art des Gewässers, in dem man fischen will. Nur in stehenden Gewässern ist es nämlich sinnvoll, die Rückenköderung anzuwenden, obwohl ich selbst auch hier die Lippenköderung vorziehe. Im fließenden Wasser ist es völlig unangebracht, das Köderfischchen am Rücken anzuködern, weil es in dieser unnatürlichen Stellung quer zur Stromrichtung nicht sehr lange lebhaft bleibt. Und lebhafte Bewegungen des Köderfisches sind das A und O des Erfolgs bei jeglichem Raubfischfang. Aus diesem Grund wechsle ich auch in bestimmten Zeitabständen den ermüdeten Fisch gegen einen springlebendigen aus, eine Maßnahme, die sich schon mehr als einmal bezahlt gemacht hat. Es ist wirklich erstaunlich, wie manchmal allein durch diese kleine Mühe plötzlich Bewegung in den bisher dahin reglos stehenden Schwimmer gebracht werden kann. Als hätten die Räuber nur darauf gewartet, sind sie nun zur Stelle.

Mit einem Einfachhaken der Größe 3–4, der direkt an die 35er Schnur geknüpft wird, ist man jeder Situation gewachsen. Mit einer 35er Schnur kann man so ziemlich jedem Fisch den Weg in die Bratpfanne zeigen, der in unseren europäischen Binnengewässern vorkommt. Auch denen, die angeblich jede Schnur zerreißen. Wenn Baumstämme im Wasser liegen, nützt auch eine dickere Schnur nichts mehr. Wichtig ist nicht, wie stark eine Schnur ist, sondern wie lang und wessen Hände sie auf die Rolle kurbeln. Eine Ausnahme machen allenfalls Aale, aber darüber war an anderer Stelle schon mehr zu lesen.

Stahlvorfächer sind beim Zanderfang nicht unbedingt erforderlich, weil mir noch kein Fall zu Ohren gekommen ist, wo ein Zander die Schnur zerbissen hätte. Was beim Hechtfang bei unsachgemäßer Verhaltensweise durchaus vorkommen kann, ist also beim Angeln auf Zander nicht zu befürchten. Ein Stahlvorfach mindert die Erfolgsaussichten stark, weil es die angeköderten, verhältnismäßig kleinen Köderfische zu sehr in ihrer Bewegungsmöglichkeit behindert. Kleine Köderfische haben nicht soviel Kraft, wie Angler es gerne von ihnen verlangen, und können sich an übergroßen Haken und steifen Stahlvorfächern kaum noch bewegen. Nun ist es aber gerade die möglichst lebhafte Bewegung des Beutefisches, die den Räuber zum Anspringen verleitet.

Seit ich das erkannt, benutze ich zum Zanderfang möglichst dünndrähtige Haken, die leichter als solche aus dickem Draht sind, und anstelle des Stahlvorfachs meine superweiche Hauptschnur. Die Bewegung der Pose zeigt mir immer wieder, daß diese Maßnahmen eine gewisse Berechtigung haben. Wenn die Zander aber überhaupt nicht zum Fressen aufgelegt sind, dann sind alle Tricks und Kniffe vergeblich.

Nicht nur im stehenden, sondern auch im fließenden Wasser fische ich gern mit der Posenangel, weil es nur bei dieser Methode gelingt, den Köder in der richtigen Tiefe dem Zander unmittelbar vors Maul zu placieren. Weder bei der Paternoster- noch bei der Grundbleiangel ist es möglich, die Angeltiefe so genau und nach Bedarf zu verändern. Besonders in Schiffahrtskanälen kann man erfolgreich mit der Posenangel fischen. Bei gründlichem Abloten der Uferzone wird man hier nämlich oft auf ausgespülte Stellen stoßen, die sich oberhalb des Wasserspiegels durch nichts verraten und deshalb häufig übergangen werden. Erst das Lotblei verrät das Vorhandensein, die Größe und die Tiefe solcher Auswaschungen, deren Entstehungsursache meist eine dem Ufer zu nahe gekommene Schiffsschraube ist.

In solchen Höhlen dicht am Ufer sammelt sich so allerhand Fischvolk an, und ich bin immer sehr froh, wenn die scharfen Augen der Reparaturkolonnen mein Geheimnis möglichst lange übersehen. Eine 4–5 m lange Rute reicht an solchen Stellen meistens aus, um direkt bis in das Zentrum der Höhle vorstoßen zu können. Manchmal war ich einfach überrascht über die Anzahl der Fische, die dort Platz gefunden hatte, und oft waren auch Zander von stattlicher Größe dabei. Der dicht über Grund angebotene Köder verfehlte dort selten seine Wirkung.

Auch hier blieb der Schnurfangbügel der Stationärrolle aufgeklappt. Damit die Strömung den Schwimmer nicht mitnehmen konnte, klemmte ich die Schnur nicht etwa unter ein Gummiband, sondern klebte sie mit Hilfe einer Brotteigkugel an der Rute fest. Gummibänder halten manchmal die Schnur derart fest, daß weder die Strömung noch ein Zander sie von der Rolle ziehen kann.

Der Anhieb muß auch in fließendem Wasser sofort nach dem Anbiß gesetzt werden. Wer warten will, bis der Köderfisch verschluckt ist, kann sich in Gedanken schon mit einem Kotelett zum Abendbrot anfreunden, denn in der Strömung eines Fließwassers verrät sich auch eine noch so sorgfältig austarierte Pose. Ausnahmen bestätigen nur die Regel.

Kommt man mit einer Rute von normaler Länge nicht an die Standplätze der Zander heran, braucht man dennoch auf die Vorteile der

Pose nicht zu verzichten. In solchen Fällen wirft man den Köderfisch eben weiter in die Strömung hinaus und läßt ihn dort dicht über Grund mit der Strömung abtreiben. Auf diese Weise läßt sich eine verhältnismäßig lange Wasserstrecke beangeln, ohne daß man seinen Standplatz verändern müßte. Nur bei noch schnellerer Strömung bleibt uns keine andere Wahl, als den Köder direkt am Grund anzubieten. Das kann geschehen, indem man die Posenangel nun so tief einstellt, bis der Köder mitsamt der Bleibeschwerung auf dem Grund schleift und dadurch naturgemäß stark abgebremst wird. Sobald der Schwimmer deutlich gegen die Strömung gezogen wird, muß der Anhieb kommen.

Diese Art der Angelei ist sehr interessant und erfort große Aufmerksamkeit. Ein sehr großer Teil der von mir bisher gefangenen Zander kommt auf das Konto dieser Methode.

Ist die Strömung auch für diese Art des Fischens zu stark, gibt es nur noch die Möglichkeit, den Köder am Boden festliegend an der Laufbleiangel anzubieten. Auch hierbei bleibt der Bügel der Rolle offen, und ein mehr oder weniger großes Brotteigkügelchen hält die Schnur bis zum Anbiß an der Rute fest. Endlich kommen nun auch die Anhänger der Schluckmethode zum Zuge, denn jetzt gibt es bei richtiger Anwendung nichts mehr, was den Zander mißtrauisch machen könnte, es sei denn, das Laufblei hätte sich so in der Schnur verwickelt, daß ein abziehender Fisch das Blei mitschleppen müßte. Durch kurzes Anziehen der Schnur nach dem Einwurf kann man diesem Übel zwar nicht restlos beikommen, es aber doch meistens verhindern. In Kanälen mit starkem Schiffsverkehr kommt nun aber ein weitaus größeres Übel hinzu, und viele hundert Meter Schnur, die auf irgendwelchen Schiffsschrauben durch die Gegend reisen, sind meine Zeugen. Die schräg zur Kanalmitte laufende Schnur bietet sich den wirbelnden Schrauben geradezu an, und

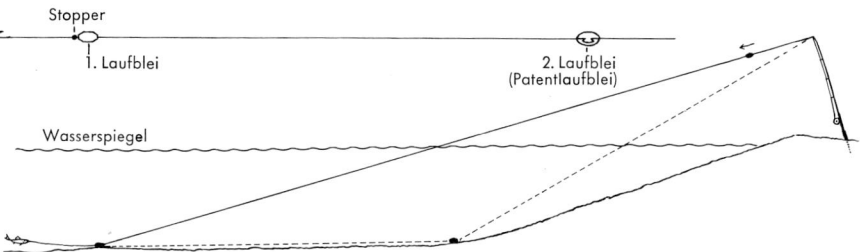

Abb. 31. Grundfischen mit zwei Laufbleien

selbst wenn man meint, es geht gut, kann eine scheinbar plötzlich wildgewordene Rute uns eines Besseren belehren.

Diesem Übel kann und muß man beikommen, indem man bei Gefahr die Angel aus dem Wasser nimmt oder indem man sich eines kleinen Hilfsmittels bedient, das bei wenig Aufwand großen Nutzen bringt.

Die Schnur einer in gewohnter Weise montierten Laufbleiangel wird dabei nach dem Einwurf durch ein zweites etwas leichteres Laufblei fest auf den Gewässerboden gelegt, ohne daß diese Anordnung einen anbeißenden Fisch irgendwie stören könnte.

Das zweite Laufblei muß eines von den Patentbleien sein, die man ohne Schwierigkeiten von außen auf die Schnur bringen kann. Man läßt es an der Schnur der ausgeworfenen Angel bis auf den Grund rutschen. Beim Einholen der Schnur wandert es bis zum vorderen Laufblei. Dort kann man es dann abnehmen und danach erneut verwenden.

Gründlinge, Ukeleis und Kaulbarsche geben erfolgversprechende Zanderköder.

Aale

Ich habe eine unerklärliche Abneigung gegen diese in ihrer Gestalt mehr einer Schlange als einem Fisch ähnelnden schleimigen Burschen. Dennoch gingen mir schon sehr viele von ihnen an den Haken, weil sie zu bestimmten Zeiten fast die einzigen Fische sind, die beißen. So kommt es, daß in den Monaten April und Mai manchmal mehr Aale auf meiner Fangliste erscheinen als andere Fische, weil es für Karpfen dann oft noch zu kühl, für Hechte manchmal aber schon zu warm ist. Und die Weißfischarten haben sich gerade auf Wanderschaft begeben, weil ein unwiderstehlicher Drang sie zu ihren Laichgründen treibt. So kommt es, daß große Uferstrecken im Frühjahr nicht einen einzigen Fisch beherbergen, denn im Gefolge der Laichzüge der Futterfische schwimmt naturgemäß alles, was sich von ihnen ernähren muß.

Sowie das Wasser im zeitigen Frühjahr anfängt, sich wieder zu erwärmen, werden die Aale unruhig. Nach der langen Winterpause sind sie ausgehungert, und da auch die Nahrungsproduktion des Gewässers nur recht zögernd einsetzt, herrscht im Wasser ausgesprochener Nahrungsmangel bei solchen Fischen, die auf das Ingangkommen dieser

Produktion angewiesen sind. Zu diesen Fischen gehören auch die Aale, zumindest die Spitzkopfaale. Dank eines außerordentlich gut entwikkelten Geruchssinns spüren sie noch auf große Entfernung den angebotenen Köder. Bei Aquariumsversuchen konnte ich feststellen, daß ein ins Wasser geworfener Wurm innerhalb weniger Sekunden wahrgenommen und zielsicher von ihnen angeschwommen wurde. Aus diesem Grund werden starkriechende Köder von Aalen naturgemäß schneller gefunden als weniger aromatische.

Fast ausschließlich benutze ich daher als Köder an der Aalrute Würmer, die aus einem Komposthaufen stammen. In der Regel kommt an den Haken nicht nur ein Wurm, sondern ein ganzes Bündel aus mehreren. Nicht allein der Geruch teilt sich dadurch dem Gewässer intensiver mit, auch die kleineren Aale haben es schwerer, einen so voluminösen Köder zu nehmen.

Gute Erfahrungen habe ich mit einer Methode gemacht, bei der eine an einer Schnur ins Wasser versenkte Blechdose voller Würmer als Lockvorrichtung dient. In den Deckel der Büchse schlägt man mit einem Nagel recht viele kleinere Löcher und beschwert den Behälter mit einem Stein, damit er am Angelplatz gut absinkt. Da aus einer solchen Büchse wohl der Geruch, nicht aber die Würmer selbst entwei-

Abb. 32. Ob der Aal den Köder schon gewittert hat? Photo: D. Bernsdorff

chen können, wird man über mangelnde Bisse an der Angel nicht zu klagen haben. Nicht nur Aale, sondern auch viele andere Fischarten werden von dem Duft, der der Büchse entweicht, angezogen.

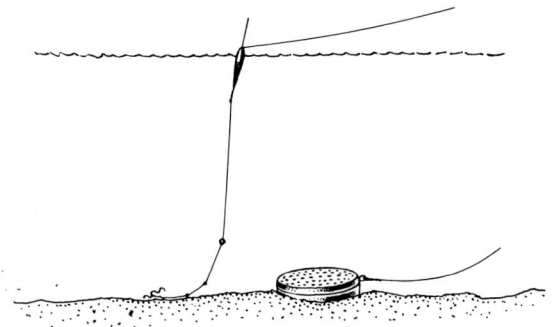

Abb. 33. Mit Würmern gefüllte, durchlöcherte Dose am vorgesehenen Angelplatz versenken

Da ich schon mehrfach Aale gefangen haben, die nach dem Hakenlösen Teile von Krebsen oder Wollhandkrabben ausspien, könnte ich mir vorstellen, daß eine mit Stücken dieser Tiere gefüllte Büchse nicht minder wirkungsvoll wäre, vorausgesetzt, man beködert auch den Haken damit. Leider bin ich nie dazu gekommen, diesen Versuch durchzuführen, weil ich es nicht fertigbringe, die nötigen Krebse oder Wollhandkrabben zu töten und zu zerstückeln.

Viele meiner Freunde benutzen zum Aalfang mit großem Erfolg kleine Stücke des im Frühjahr in großen Schwärmen in die Flüsse aufsteigenden Meerneunauges. Sie fangen die Tiere mit Senknetzen und frieren sie bis zum Gebrauch in einer Tiefkühltruhe ein. Dieser Köder hat allerdings den Nachteil, daß man ihn nicht überall beschaffen kann.

Es muß nicht unbedingt Nacht sein, um mit Erfolg auf Aale fischen zu können. Besonders im Frühjahr ist der Aal gern bereit, auch über Tag an den Köder zu gehen. Damit der Ködergeruch über möglichst weite Strecken getragen wird, placiere ich den Köder immer inmitten einer Strömung und sei diese auch noch so schwach. Ist der Untergrund dazu sehr hindernisreich, sind alle Voraussetzungen für den Erfolg gegeben.

Wegen der Hindernisse benötigt man starke Schnüre. Man braucht sie aber zum Aalfischen auch deshalb, weil man selbst den stärksten Aal nicht drillen, sondern nur zügig aus dem Wasser ziehen kann, da er sich, wenn man ihn laufen ließe, sofort unlösbar am Grund festsetzen würde. Hinzu kommt, daß scharfkantige Steine am Boden der Schnur hart zusetzen.

Mit 0,40er Schnur auf der Rolle erübrigt sich beim Landen ein Kescher, den ich beim Aalfang ohnehin fast nie benutze, weil ich ungern in den schleimigen Maschen herumfummele, um Schnur, Haken und Bleibeschwerung aus diesem Gewirr zu befreien.

Regelmäßig ziehe ich seit einiger Zeit die gehakten Aale an straffgehaltener Schnur auf eine möglichst sandige Stelle und greife den dann gut „panierten" Fisch mit beiden Händen.

Wird Wurm um Wurm vom Haken stiebitzt, ohne daß es gelingt, einen der Übeltäter zu erwischen, dann sind keine Aale, sondern andere Tierchen am Werk. Besonders Krebse und Wollhandkrabben besitzen im Würmerklauen besondere Meisterschaft. Ihre Tätigkeit verrät sich dadurch, daß der Haken nach jedem Biß wie leergeleckt aussieht, während fischartige Schmarotzer immer noch einen kleinen Wurmzipfel am Haken lassen. Während der Laichzeit der vielen Friedfischarten kann man Aale fast nur in unmittelbarer Nähe dieser Laichplätze fangen. Oft sind Aale aber zu dieser Zeit, da das Nahrungsangebot inzwischen größer geworden ist, bereits so verwöhnt, daß noch so stark duftende Würmer sie kaum noch zum Anbiß verleiten können. Auch ihre Neigung, tagsüber zu fressen, nimmt nun rapide ab, man wird sich daher mehr auf die Abend- und ersten Nachtstunden konzentrieren müssen.

Nur sehr robusten Naturen ist es zu empfehlen, ohne Lampe auf nächtlichen Aalfang zu gehen. Wenn auch die Bisse durch ein an der Rute befestigtes Glöckchen bei der schwimmerlosen Angel noch hörbar gemacht werden können; ein Ringkampf mit einem Aal bei völliger Dunkelheit ist nicht nach meinem Geschmack.

Um einerseits nicht unnötig hohen Batterieverbrauch zu haben, bei Benutzung einer Taschenlampe zum Beispiel, und andererseits dem Licht noch einen anderen Nutzen abgewinnen zu können, benutze ich schon seit Jahren mit Erfolg ein großes Weckglas mit hineingestelltem Hindenburglicht. Auf diese Weise ist mein Angelplatz immer beleuchtet und zugleich fangen sich in der Hitze der Kerzenflamme zu Hunderten die lästigen Stechmücken. Wer noch mehr Licht liebt, stellt zwei dieser Lampen auf. Selbst stärkerer Wind bläst die kleinen Flammen nicht aus, wenn man nur dafür sorgt, daß die Gläser völlig waagerecht stehen.

Werden die Bisse nach einer mehr oder weniger langen Beißperiode seltener, hat es wenig Sinn, noch Zeit mit weiterem Ansitzen zu vergeuden. Ist eine Beißzeit einmal beendet, kann es Stunden dauern, bis die nächste beginnt. Ich habe oft erlebt, daß Aale bei Einbruch der Dunkelheit mit dem Fressen begannen und nach etwa zwei Stunden damit aufhörten. Während der folgenden langen Nachtstunden bekam ich trotz aller Versuche keinen einzigen Biß mehr, und erst am Morgen, in der Dämmerung des anbrechenden Tages, begann nochmals eine kurze Freßzeit. Bei späteren nächtlichen Aalexkursionen überbrückte ich die beißlosen Stunden mit erholsamem Schlaf.

Auf große Raubaale angelt es sich besser mit Fischködern als mit Würmern, obwohl diese bisweilen auch recht gut genommen werden. Das Fischen mit großem lebendem Köderfisch ist eine auswählende Fangmethode, weil sie ausschließlich den großen Aal an die Angel bringt, während sich an der wurmbeköderten auch kleinere Exemplare fangen. Über die Fängigkeit der zu benutzenden Fischarten gibt es viele Ansichten. Sicher ist, daß man bei gutem Beißen wohl mit allen Arten Erfolg haben kann. Ebenso sicher ist aber auch, daß jedes Gewässer seinen speziellen Köderfisch hat, der hier besonders guten Erfolg verspricht.

So habe ich in den Gewässern, die ich zu befischen pflege, auf kleine Kaul- oder Flußbarsche mehr als einmal gute Aale gelandet. Ebenso

Abb. 34. In der Dämmerung auf Aale. Photo: W. Glade

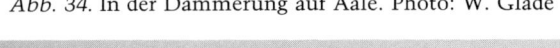

häufig machte ich allerdings auch gute Fänge, wenn Gründlinge oder Ukeleis (Lauben) mit der Laufbleiangel am Boden festgehalten wurden.

Eine Feststellung habe ich aber so häufig gemacht, daß ich ihr neuerdings eine besondere Bedeutung zumesse. Der lebende Köder war in der Regel am Tage erfolgreicher als während der Nacht. In den

Abb. 35. Köder für Aale müssen nicht unbedingt am Boden angeboten werden. In der Nähe von Stegen, Pollern usw. kann man besonders bei sonnigem Wetter auch über Grund auf Aale fischen

Nachtstunden brachten Fischstücke dafür eher einen Biß. An sich ist diese Feststellung nicht ungewöhnlich, denn über Tag kann sich der angeköderte Fisch durch seine Befreiungsversuche dem Auge des Aales eher mitteilen als bei Nacht, insbesondere bei sichtigen Wasserverhältnissen. In der Nacht ist der Aal aber in der Hauptsache auf seinen Geruchssinn angewiesen, und so wird er den zerteilten und daher viel mehr Duftstoffe absondernden Fischstückköder auch eher annehmen. Für tiefes undurchsichtiges Wasser gilt das eben Gesagte auch für das Fischen während der Tagesstunden.

An heißen Sommertagen muß der lebende Fischköder nicht unbedingt auf dem Boden angeboten werden. Mehrere Fänge von großen Raubaalen an der drillingbestückten Hechtangel in einiger Entfernung vom Gewässerboden sind mir Beweis genug dafür. Unter den genannten Witterungsbedingungen versagen alle anderen Methoden. Natürlich wird es wenig Sinn haben, einen Köderfisch inmitten einer großen Wasserfläche auf diese Weise anzubieten. Nützlicher ist es, dies in der Nähe von künstlichen oder natürlichen Unterschlupfen zu tun, etwa in der Nähe von Spundwänden, Anlegestegen oder Krautbänken.

Von Blechfischen und anderen unnatürlichen Ködern

Hinsichtlich der von ihnen beim Fischen vorwiegend benutzten Geräte kann man die Gesamtzahl der Angler in verschiedene Spezialgruppen unterteilen und dabei Begriffe wie Grund-, Flug- oder Spinnfischer benutzen. Es wäre aber völlig verfehlt, aus diesen die jeweilige Fangmethode charakterisierenden Vorsilben irgendwelche Hinweise auf eine sportliche Höherbewertung der einen oder anderen Art entnehmen zu wollen. Ziel aller anglerischen Anstrengungen bleibt immer und in jedem Fall der Fisch, und jede Methode, die den Angler zu diesem Ziel führt, steht gleichberechtigt neben allen anderen erfolgbringenden. Eine Rangfolge hinsichtlich der Schwierigkeit der verschiedenen Angelarten läßt sich nach objektiver Prüfung aller maßgebenden Faktoren nicht aufstellen. Sie wäre auch illusorisch, weil alles auf dieser Welt erlernbar ist. Ein Anhänger der einen Methode kann bei entsprechender Übung und der notwendigen Geduld sehr schnell zu einem Befürworter einer anderen werden.

Es ist jedem Angler selbst überlassen, wie er sich den Fischen nähern will, und jeder hat es daher in der Hand, sich innerhalb der gesetzten Grenzen für die eine oder andere Methode zu entscheiden. Die an einer Kunstfliege erbeutete Forelle erforderte relativ gesehen nicht mehr Können als das mit dem Teigköder überlistete Rotauge, und der mit einem Gründling erbeutete Barsch ist ebenso das Resultat sorgfältiger Vorarbeit wie der am Spinner gefangene Hecht. Jeder überlistete Fisch erforderte das gleiche Quantum an anglerischem Können. Es wäre deshalb ungerecht, wollte jemand für die von ihm bevorzugte Methode besondere Maßstäbe setzen. Den Fischen ist es ohnehin gleichgültig, auf welche Art sie ans Land befördert werden. Es wartet auf sie in jedem Falle ein mehr oder weniger stolzer Angler und eine kleinere oder größere Pfanne. Wer als Angler keine Möglichkeit ungenutzt lassen will, muß in allen Sätteln gerecht sein. Für ihn darf eine Fliegenrute kein Buch mit sieben Siegeln und die Handhabung der Grundangel kein unlösbares Problem sein. Er muß mit dem Spinngerät ebenso elegant umgehen können wie mit der leichten Köderfischrute. Erst dann nämlich, wenn man sich aller gegebenen Möglichkeiten im Bedarfsfalle bedienen kann, ist man auf dem richtigen Weg zum perfekten Angler. Spezialist in einer bestimmten Sache zu sein ist zwar gut, mit anderen als den zu Hause üblichen Methoden an einem fremden Gewässer trotzdem Erfolg haben, ist besser.

Natürliche Köder sind hinsichtlich ihrer Fängigkeit den künstlichen überlegen. Eine Imitation wird nicht deshalb zu plötzlichem Leben erweckt, weil sie an einer Schnur durchs Wasser gezogen wird. Und nur

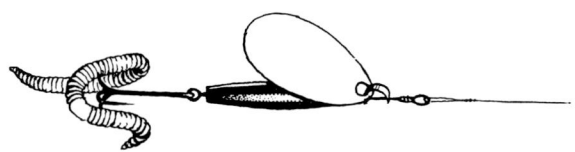

Abb. 36. Mit Wurm- oder Fischfleisch schmackhaft gemachter Blechfisch

weil den Raubfischen aus sehr naheliegenden Gründen die Zeit zur gründlichen Prüfung fehlt, gelingt damit zuweilen ihr Fang.

Bei Friedfischen versagen solche Kunstprodukte völlig. Ein Plastikwurm kann stundenlang im Wasser hängen, kein Karpfen wird ihn nehmen. Warum sollte er auch? Schließlich hat er zur genauen Untersuchung Zeit genug. Er ist es nicht gewohnt, daß seine Nahrung blitzschnell vor ihm Reißaus nehmen kann. Wer mit solchen Plastikködern trotzdem Erfolge beim Friedfischangeln aufzuweisen hat, sollte große Einsätze im Lotto wagen. Er ist nämlich ein Glückspilz und weiß es nur noch nicht.

Raubfische lassen sich da schon eher täuschen, ein Irrtum wird von ihnen oft erst bemerkt, wenn es zu spät ist. Es gibt aber auch recht schlaue unter ihnen, die noch kurz vor dem entscheidenden Ansprung den dargebotenen Schwindel durchschauen. Im klaren Wasser sieht man solche Burschen dann wohl minutenlang hinter dem Kunstprodukt herschwimmen, ohne daß es zum erlösenden Anbiß käme. Manchmal war es nur eine Kleinigkeit, die als störend empfunden wurde. Ein schreckhafter Ruck der spinnerführenden Hand zum Beispiel, mit dem das Auftauchen eines Räubers ungewollt quittiert wurde und der ihn zum Abdrehen veranlaßte. Für solche Fälle empfiehlt es sich beim Spinnen, nicht die Bewegungen des Löffels zu beobachten, sondern dem Spiel der über dem Wasser tanzenden Mücken zuzuschauen.

Mißtrauen kann aber auch der fehlende Fischgeruch des Kunstköders erregen, denn neben den Augen ist bei vielen Raubfischen auch die Nase mit im Spiel. Der Duft von blinkendem Blech und farbigem Holz ist zu nichtssagend, um auf die Angriffslust eines Verfolgers positiv einwirken zu können. Im letzten Augenblick wieder abdrehende Raubfische sind der sichtbare Beweis für diese Vermutung.

Je mehr ein künstlicher Köder nach etwas wirklich Freßbarem duftet, um so eher wird er auch das Mißtrauen derjenigen besänftigen, die es mit dem Zuschnappen nicht sehr eilig haben. Um dieses Ziel zu erreichen, gibt es viele Möglichkeiten. So kann man z. B. Kunstköder, indem man Wurm- oder Fischstückchen auf ihre Haken steckt, auf „echt" frisieren. Manchmal genügt für diesen Zweck sogar schon ein Stück Fischflosse. Mit solchen vom Fluidum der Echtheit umgebenen Köder kann man auch die besonders vorsichtigen Raubfische übertölpeln.

Ein weiteres Problem, dem man besondere Aufmerksamkeit schenken sollte, ist die von jedem gezogenen Kunstköder die Wasseroberfläche furchende Schnur. Besonders in sehr klaren Salmonidengewässern kann der Erfolg von solchen scheinbaren Kleinigkeiten abhängen. Je länger daher der Teil der Schnur ist, der vor dem Kunstköder im Wasser liegt, desto weiter ist auch die verräterische Furche vom angreifenden Fisch entfernt. Die Schnur selbst stört weniger, als man glaubt.

Beim Hechtfischen muß man den Spinnköder besonders langsam und tief führen. Barsche lieben wellenförmiges Auf- und Abbewegen, und Salmoniden reagieren auf den hochgeführten Spinner eher als auf den in Grundnähe angebotenen. Die Wasseroberfläche sollte aber vom rotierenden Löffel nicht durchbrochen werden, weil vorsichtige Fische auch dadurch vom Anbiß abgehalten werden können. Besonders in klaren nicht zu tiefen Gewässern habe ich solche Beobachtungen zur Genüge machen können.

Bringt schon das Fischen mit natürlichen Ködern nicht immer den erwarteten Erfolg, um wieviel geringer sind dann erst die Fangaussichten mit künstlichen Ködern?

Selbst in den überaus fischreichen Gewässern Grönlands konnte ich mit dem Kunstköder nicht Fische in unendlicher Zahl erbeuten, obwohl manchmal Hunderte im klaren Wasser die Bahn meines silberglänzenden fliegenden Löffels kreuzten. Deutlich waren hier die verschiedenen Gründe zu erkennen, die die Fische vom Anbiß abhielten. Erst nach strenger Berücksichtigung des eben Gesagten gelang es mir, einen ausgemachten kapitalen Saibling doch noch zu überlisten. Er wog 7 Pfund und gehörte damit schon zu den großen seiner Art. Sein Fang war der krönende Abschluß sorgfältiger Überlegungen.

Wettfischen

Es gibt Meisterschaften im Dauertanzen und Kopfstehen, und kürzlich las ich sogar einmal von einer Meisterschaft im Fahnenstangensitzen. Überall dort, wo mehrere das Gleiche tun, kommt es eines Tages unvermeidlich zum Kräftemessen. Man will doch schließlich wissen, wer denn nun wirklich der Bessere ist, und so wundert es sicher keinen Menschen, daß auch die Sportfischer sich diesem Trend anschlossen. Natürlich nicht alle, wie ja auch nicht alle Tänzer an Tanzmeisterschaften teilnehmen; aber etwa jeder 4. organisierte Angler meldet sich dann doch zur Teilnahme. Das ist nicht etwa statistisch erwiesen, sondern eine auf rein theoretischer Grundlage basierende Vermutung von mir.

Wettfischen, wenn sie richtig organisiert sind, geben jedem Teilnehmer die Möglichkeit, sich selbst und seine Künste einem Test zu unterziehen. Hier zählt weder der in einer Glücksminute gefangene kapitale Hecht noch der Wert der ans Wasser mitgeschleppten Ausrüstung. Hier kann man seine Konkurrenten nicht mit dem beeindrukken, was schon Jahre zurückliegt, sondern nur mit dem, was man nach dem offiziellen Ende des Wettfischens auf die Waage legt. Und das ist meistens nicht sehr viel, denn Fische haben eine Abneigung gegen viele Menschen auf engstem Raum, gegen Rufen und Laufen und klatschend ins Wasser geworfene Laufbleie. Wer sich bei solchen Veranstaltungen qualifizieren will, muß daher schon einiges vom Fischen verstehen, muß wissen, wie er trotz der widrigen Umstände seinen Beutel füllen kann und darf sich durch die pessimistischen Prognosen seiner Mitangler nicht beeindrucken lassen.

Es ist erwiesen, daß einer, der seine Kunst versteht, auch dann noch Fische fängt, wenn sich rechts und links von ihm schon Skatrunden gebildet haben, und eine Tatsache ist es auch, daß solche Meisterfischer immer wieder unter den ersten Preisträgern zu finden sind.

In den letzten 20 Jahren habe ich fast jährlich an solchen Wettfischen teilgenommen, und es war dabei jedesmal sehr interessant, den Kommentaren der Kollegen zu lauschen, mit denen sie die Fänge begleiteten. Vom Geheimköder bis zur Anwendung magischer Kräfte reichte dabei die Skala der Vermutungen, und es hat mir recht großen Spaß gemacht, den phantastischen Erzählungen zuzuhören. Natürlich durfte man sich dabei nicht von seinem eigentlichen Ziel ablenken lassen, denn es gibt eine große Reihe von Anglern, die es mindestens ebenso gut können, und am Ende zählt jedes Gramm. Diese letzten Gramm sind natürlich Glückssache, denn kein Angler ist in der Lage, die Größen der von ihm gefangenen Fische merklich zu beeinflussen. Man muß sie nehmen, wie sie gerade kommen, und so hat der eine manchmal einen kleinen Vorteil vor dem anderen, weil die Fische an einem Platz im Durchschnitt ein paar Gramm mehr wiegen als am anderen. Nur durch größere Schnelligkeit beim Landen und ,,Vomhakenabmachen'' der Fische sowie beim Beködern und Wiedereinwerfen der Angel läßt sich solch ein Handikap wieder ausgleichen.

Worauf es bei einem Wettfischen in Wirklichkeit ankommt, vorausgesetzt, die Veranstaltung findet an einem Gewässer statt, das jedem Teilnehmer die gleichen Bedingungen und Chancen sichert, ist das Wissen um den richtigen Weg, der zum Ziel führt.

Es amüsiert mich immer wieder, wenn ich an solchen Tagen Angler sehe, die bei dem dabei verursachten Lärm den Fisch ihres Lebens fangen wollen. Die mit einer großen Kartoffel am Haken auf den Riesenkarpfen warten, den sie zuvor unter weitaus besseren Bedingungen auch nicht fangen konnten und die glauben, der knapp das Mindestmaß erreichende Hecht könnte sie in der Liste der Preisträger ganz nach vorn bringen.

Bei einem Wettfischen gibt es nur einen sicheren Weg, der zum Ziel führt, indem man nämlich die zur Verfügung stehende Zeit benutzt, um von den am meisten im Wasser vorkommenden Fischarten eine möglichst große Anzahl zu erbeuten. Nur auf diese Fische konzentriert man sich mit voller Aufmerksamkeit und gibt dem Zufall allenfalls durch das Aufstellen einer Raubfischrute eine Chance. Den Sieg erringt nicht der, dessen kleiner Hecht die Waage höchstens bis zur Einkilomarke herunterdrückt, sondern derjenige, der zu seinem Hecht noch eine stattliche Anzahl anderer Fische legen kann.

Wer glaubt, mit zwei Ruten lassen sich in einer bestimmten Zeit mehr Rotaugen fangen als mit einer, ist sehr schlecht beraten. Während er nämlich der einen Rute wegen einer auffälligen Bewegung der Pose seine Aufmerksamkeit schenkt, kommt an der anderen mit Sicherheit ein Biß. Man muß schon Zauberkünstler sein, um unter solchen Umständen am Ende mehr Fische als der Konkurrent zu haben.

Ich fische daher grundsätzlich nur mit einer Rute auf Friedfische und kümmere mich um die Raubfischrute nur sehr wenig. Da in den meisten Gewässern Rotaugen die Hauptmasse der Fische stellen, verwende ich meine ganze Energie auf ihren Fang, und mit Hilfe der im Kapitel „Rotaugenfang, Prüfstein für Meister" geschilderten Methode gelingt es oft, ein Wörtchen an der Waage mitzureden. Rotaugen, in anderen Gewässern Brassen oder auch Nasen, kommen meistens in solchen Mengen vor, daß schon mehr als Pech dazu gehört, beim Auslosen der Plätze an eine Stelle zu geraten, in deren Nähe keine von diesen Fischen schwimmen.

Bevor man seine Ruten richtet, kommt es sehr darauf an, die in der Umgebung des Angelplatzes befindlichen Fische durch reichliches Einwerfen von Lockfutter an den ausgelosten Platz zu locken. Danach hat man dann Zeit genug, die Geräte vorzubereiten. Schließlich wird nicht derjenige prämiiert, der als erster seine Angel im Wasser hat, sondern der, dessen Schwimmer am häufigsten zuckt.

Sobald man durch einsetzendes Beißen feststellt, daß die Fische den eingeworfenen Grundköder angenommen haben, kommt es darauf an, sie am Wegschwimmen zu den Futterplätzen der Konkurrenten zu hindern. Es muß also in nicht zu knappen Abständen immer wieder Lockfutter eingeworfen werden.

Ein großer Eimer mit eingeweichtem Brot sowie Kleie und Kartoffeln begleitet mich deshalb an solchen Tagen, und ich finde zwischen den Bissen immer noch Zeit, genügend davon einzuwerfen.

Ob man mit Maden oder besser mit Brotteig fischt, läßt sich nur durch Probieren feststellen, wie überhaupt bei nachlassender Häufigkeit der Bisse ständig experimentiert werden muß, um „am Fisch" zu bleiben.

Die beköderte Angel bleibt nie länger als einige Minuten im Wasser, danach muß man nach dem Rechten schauen und erneut einwerfen. Oft kommt erst durch das erneute Einwerfen wieder ein Biß, vor allem, wenn die Beißlust im Laufe der Zeit nachläßt. Auch durch Variieren der Angeltiefe lassen sich in solchen Fällen erneute Anbisse herbeiführen, und zum Schluß gelingt es meist nur noch unter Aufbietung aller Künste, einen Fisch zum Fressen zu bewegen.

Oft habe ich nur noch durch fortlaufendes Einwerfen von Lockfutter die letzten entscheidenden Gramm fangen können. Man darf niemals aufgeben, ehe nicht die letzte Minute des Wettfischens herum ist, denn manchmal kann noch ein im letzten Augenblick gefangener kleiner Fisch den Ausschlag der Waage zum eigenen Vorteil bringen. Bei erfahrenen Wettfischern beträgt die Differenz zwischen den einzelnen Plätzen oft nur wenige Gramm. Daher ist es sehr wichtig, alle benötigten Dinge griffbereit zu haben, um im Bedarfsfall nicht lange suchen zu müssen.

Bei einem Wettfischen nehme ich sowohl Schnüre als auch Haken eine Nummer kleiner als sonst. Besonders beim Fischen weit vom eigenen Standort entfernt macht sich eine dünnere Schnur recht vorteilhaft bemerkbar. Sie bietet dem Wind sehr wenig Widerstand und erlaubt daher nicht nur weiteres Werfen, sondern läßt sich auch besser am Schwimmer führen.

Würmer sind als Köder bei einem Preisangeln nur dann angebracht, wenn sie auch sonst am gleichen Gewässer als außerordentlich fängig bekannt sind. Andernfalls halten sie den Angler nur in Bewegung, ohne entsprechende Gegenleistung in Form von Fischgewicht zu erbringen. Kaulbarsche und Aale von Schnürsenkelgröße sind kaum geeignet, dem Fänger zu Meisterehren zu verhelfen. Es sei denn, er hätte das unglaubliche Glück, in seiner Wettkampfmannschaft keinen versierten Friedfischangler zu haben.

Natürlich können diese Hinweise nur dort von Nutzen sein, wo bei der späteren Bewertung das gefangene Gesamtgewicht den Ausschlag gibt. Wo man sich dagegen auf den größten Fisch als entscheidend für den Sieg geeinigt hat, lohnt sich der ganze Aufwand für Experten nicht. Gegen das Glück bei solchen Veranstaltungen nützen alle Kniffe nichts, man hätte daher besser gleich die Reihenfolge der Sieger durch das Los ermitteln können. Solche Veranstaltungen geben allenfalls denen eine Chance, die sonst nie zum Zuge kommen, und so gesehen haben sie dann doch noch einen gewissen Nutzen.

Dem passionierten Wettangler geht es bei seiner Teilnahme nicht um materielle Dinge. Ihn interessiert nicht der Wert der ausgesetzten Preise, sondern nur sein Abschneiden innerhalb der Gesamtwertung. Er möchte den Platz einnehmen, der ihm auf Grund seiner Erfahrung zukommt, und ist daher jederzeit bereit, einem Besseren seine Anerkennung zu zollen.

In zunehmenden Maße bilden sich jetzt überall in den Vereinen Wettkampfgruppen, die sich mehr als bisher üblich mit der Technik des Wettfischens befassen. Die Spezialisierung bringt es mit sich, daß Nichtangehörige dieser Wettkampfgruppen bei Preisfischen nur noch eine Außenseiterchance haben.

Winterangeln

Auch der Winter hat seine Fische. Wollte man die Intensität der Angellust in irgendeiner Weise meßbar machen, dann kämen dafür sicher nicht die abgesessenen Sommerangelstunden in Betracht, sondern die Zahl der Minusgrade, bei denen jemand noch am Wasser anzutreffen ist. Mein eigener Rekord liegt zur Zeit bei Minus elf Grad Celsius. Ich bin sicher, schon jetzt in diesem Moment meinen Meister gefunden zu haben. Schließlich gibt es Landstriche, wo diese Temperatur noch zu den ausgesprochen milden Wetterlagen gehört.

Zu den Fischen, die auch im Winter das Fressen nicht völlig einstellen, gehören neben Döbeln, Nasen, Barschen und Alanden vor allem die Rotaugen. Besonders bei den letztgenannten spielt es keine Rolle, ob das Eis auf dem Gewässer gerade erst 2 cm stark ist oder bereits so dick, daß sich ihm ein Schwergewicht gefahrlos anvertrauen kann. Sie zeigen sich im Winter ofmals beißfreudiger denn je, wenn auch die Bisse nunmehr weniger zügig, eher betont langsam sind und nur mit ausgeklügeltem Gerät sichtbar gemacht werden können. Aber das ist ja gerade das Besondere am Winterangeln. Jetzt kommen die Tüftler und Knobler voll auf ihre Kosten, bis endlich die fängigste Einstellung der Posen gefunden ist.

Bei geschlossener Eisdecke bestehen die besten Aussichten, gute Fänge zu machen. Dabei macht es den Fischen im Gegensatz zum Sommer nicht viel aus, wenn es beim Aufschlagen oder Durchbohren der Eisdecke etwas laut zugeht.

Setzt Tauwetter ein, sinken trotz steigender Temperaturen die Fangaussichten für kurze Zeit erheblich, weil die Fische dann oft die Tiefe verlassen, um sich in den nunmehr wärmeren oberen Wasserschichten zu tummeln. Erst wenn das wärmere Wetter von längerer Dauer ist und sich die Wassertemperatur auch in den tieferen Schichten erhöht hat, werden die Bisse wieder häufiger. Das Aufsuchen der jeweils wärmsten Wasserschichten spielt ja bei den Cypriniden eine sehr große Rolle. Man sollte deshalb dem Thermometer des englischen Meisteranglers Richard Walker nicht nur ein ironisches Lächeln schenken. Fische reagieren offensichtlich noch auf allerkleinste Temperaturunterschiede, wie ja der exakte, einheitliche Beginn der Laichzeit der verschiedenen Fischarten deutlich zeigt. Wie anders nämlich, als durch die strikte Befolgung des durch Erreichen einer bestimmten Wassertemperatur ausgelösten Befehls sollte sonst wohl der gemeinsame Beginn des Laichgeschäftes den Fischen signalisiert werden?

Die ständig wechselnde Wassertemperatur ist der Hauptgrund für den wechselnden Erfolg am Wasser. Dabei dürften andere Faktoren, wie zum Beispiel die Windrichtung nur insofern von größerer Bedeutung sein, als sie die Temperaturschwankungen des Wassers mit bewirken.

Natürlich wird man auch im Winter die Fische durch Anfüttern in die Nähe des angeköderten Hakens locken müssen. Auch dann, wenn man mit Würmern angelt, die im Winter bekanntlich sehr gute Köder für das Angeln im Fließwasser sind. Ohnehin dürften die Fangaussichten in fließenden Gewässern im Winter besser als in nur mäßig tiefen stehenden Gewässern sein. Die Fische bewegen sich dort mehr und benötigen schon aus diesem Grund mehr Nahrung.

Bei steigendem Wasser, hervorgerufen durch anhaltendes Tauwetter mit starken Regenfällen, werden die Fangaussichten besser, weil der Energiebedarf der Fische dann größer wird. Oft finden sich die Fische nun sehr dicht am Ufer, besonders in der Nähe von starkem Uferbewuchs. Brassen und Nasen lassen sich an solchen Plätzen mit dem auf Grund gelegten Rotwurm sehr gut fangen. Die Angeltiefe beträgt dabei oftmals nur wenig mehr als einen halben Meter. Deshalb besteht aber kein Grund zu übergroßer Vorsicht. Das Hochwasser hat zugleich auch eine starke Trübung des Wassers zur Folge, außerdem mögen besonders Brassen die sehr starke Strömung eines Hochwassers nicht und bleiben schon aus diesem Grund in Ufernähe. Während Brassen und Rotaugen den Rotwurm oft recht deutlich nehmen, können Nasen manchmal fast unsichtbar beißen. Den größten Fisch bringt hier manchmal der geringste Zupfer, wenn ihm die entsprechende Beachtung geschenkt wurde.

Gegen das Zufrieren des Spitzenrings der Rute gibt es nur ein Mittel, das mit Sicherheit hilft, indem man nämlich die Rutenspitze ins

Wasser eintauchen läßt. Bei Minusgraden der Luft ist Wasser immer um einiges wärmer. Aber nicht jeder hat Lust, sich nach diesem Vorschlag zu richten. Ihm bleibt dann immer noch der eigene Atem zum Anhauchen der Vereisung. Hoffentlich hat nicht gerade kurz zuvor ein Großer angebissen und bringt mit seinen Fluchten an der blockierten Schnur den Angler in Schweiß. Wer seine Rutenspitze nun doch noch schnell genug ins Wasser tauchen kann, darf auf den Sieg hoffen. Wenn auch die Vereisung nicht augenblicklich restlos verschwindet, so kann die Schnur doch wieder gleiten, weil der Fisch durch sein Ziehen selbst dazu beiträgt.

Wer während der Sommermonate so verwöhnt worden ist, daß ihm außer Zander, Aalen und Hechten keine anderen Fische mehr schmekken wollen, der hat noch nichts von geräucherten Rotaugen, Brassen oder Barschen gehört. Gerade während der Wintermonate, in denen die bevorzugten Fischarten Ruhe vor unseren Nachstellungen haben, bieten sich Feinschmeckern die anderen an, auch weil die Kälte die Schleimbildung vieler Fischarten nunmehr stark reduziert hat, wodurch sie bedeutend an Appetitlichkeit gewinnen. Sehr geeignet sind die kleinen Miniaturräucheröfen (richtiger Grillöfen) für diesen Zweck, weil sie bei gut schließendem Deckel auch auf der Elektro- oder Gas-Kochplatte benutzt werden können. Die Fische brauchen nur ausgenommen und gewaschen zu werden, das Schuppen kann man sich ersparen. Wer sich schon am Schuppen von Barschen versucht hat, wird diese Erleichterung begrüßen.

Wie man die Fische fachgerecht mit sehr viel Salz einreiben muß, ehe man sie den beißenden Dämpfen des erhitzten Sägemehls aussetzt, wissen Frauen besser als ich. Darum will ich ihnen auch nicht weiter dreinreden. Nur soviel noch: Nach etwa 15 Minuten dürfen wir unsere Gäste raten lassen, um welche Fischart es sich handelt, die sich nun in leichtgebräuntem Zustand und duftend auf den vorgewärmten Tellern direkt zum Hineinbeißen präsentiert.

An Fischen, die sich für den eben geschilderten Zweck ausnehmend gut eignen, besteht glücklicherweise noch kein Mangel.

Köder

Wenn Fische zum Fressen aufgelegt sind, dann gibt es kaum einen Grund zum Experimentieren. Rotaugen fressen dann vom Fensterkitt bis zu kleinen Fleischwürfeln aus dem Rücken ihrer Artgenossen einfach alles. Fensterkitt in Form von graupengroßen Kügelchen duftet so herrlich nach Terpentin und findet wohl aus diesem Grunde seine Liebhaber, während mir die Vorliebe der Rotaugen für arteigenes Fleisch unerklärlich ist. Ausgefallene Köderarten werden gewöhnlich erst dann als wirksam erkannt, wenn der Standardköder aus irgendwelchen Gründen zur Neige gegangen ist.

So kam mir die Idee mit den Rotaugenfleischködern erst dann, als mir an einem Wintertag die paar mühsam gesuchten Würmer ausgegangen waren. Damals hatte ich noch keine Wurmfarm, aus der ich jederzeit und nach Bedarf die Würmer entnehmen konnte. So eine Wurmfarm läßt sich übrigens schnell herrichten. Nötig sind dazu nur einige Quadratmeter Boden gleich welcher Beschaffenheit, einige alte Zeitungen und möglichst viele Kartoffelschalen. Außerdem benötigt man noch einige Gießkannen Wasser.

Auf den gut angefeuchteten Untergrund breitet man einige Lagen Zeitungspapier. Darauf kommt eine etwa 10–15 cm dicke Schicht Kartoffelschalen. Bevor man eine dünne Erdschicht aufträgt wird alles

Grassoden mit den Wurzeln nach oben
Kartoffelschalen
Zeitungspapier

Abb. 37. Wurmfarm

101

nochmals sehr gut angefeuchtet. In der gleichen Reihenfolge läßt man dann Schicht um Schicht folgen, bis ein Haufen von ca. 60–70 cm Höhe entstanden ist. Die obere Abdeckung stellt man aus Grassoden her, die man mit der Wurzelseite nach oben auflegt. Sie verhindern ein zu schnelles Austrocknen und legen gleichzeitg durch die in ihnen enthaltenen Würmer den Grundstock für die Wurmfarm. Schon nach kurzer Zeit wird es zwischen den feuchten Kartoffelschalen und dem nassen Papier von Würmern nur so kribbeln. Fleißiges Begießen mit nicht zu kaltem Wasser ist aber unumgängliche Voraussetzung für eine gute Ernte. Später kann man dann nach Bedarf Kartoffelschalen und Papier ergänzen. Selbst im Winter lassen sich aus einer solchen Farm bedeutende Wurmmengen entnehmen. Dazu ist es notwendig, in Höhe des umgebenden Erdbodens einen kleinen Stollen bis zur Mitte des Haufens auszustechen. Am Ende dieses kleinen Ganges stellt man eine mit feuchtem Laub zur Hälfte gefüllte Dose mit der Öffnung nach oben in den nicht zu weiten Gang. Gegen die eindringende Kälte schützt man die Öffnung durch hineingestecktes Stroh. Bei Bedarf braucht man nur das Stroh zu entfernen und die Büchse herauszuangeln. Sie enthält genügend Würmer für mehrere Angeltage.

Schwierigkeiten bereitet manchmal auch der Umgang mit dem Brotkrustenköder. Besonders Rotaugen, Brassen und Karpfen lassen sich damit sehr gut fangen. Allerdings muß man darauf achten, in diesem Falle die jeweilige Montageanleitung für die Bleibeschwerung etwas zu ändern. Um den Auftrieb zu eliminieren, schiebt man die kleinen Bleischrote bis auf etwa 1 cm an den Haken heran.

Während der heißen Sommermonate sind Köder pflanzlichen Ursprungs beim Friedfischfang bisweilen nicht so gefragt wie im kühleren Frühjahr oder Herbst. Auch die vorsorglich gekauften Maden machen dem Angler oft einen Strich durch die Rechnung, weil sie unter dem Einfluß der Wärme zu Fliegen geworden sind und beim Öffnen der Dose einfach davonfliegen.

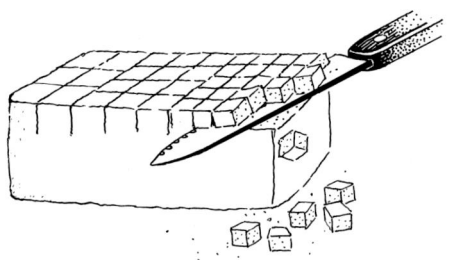

Abb. 38. Herstellung von Krustenködern

Statt nun unverwandt auf den Schwimmer zu schauen, der absolut keine Neigung zeigt, sich zu bewegen, kann ein Blick ins flache Uferwasser noch Rettung in der Not bringen. Bei einiger Aufmerksamkeit lassen sich dort nämlich oft noch Tiere finden, die von Fischen als Mahlzeit besonders geschätzt werden. Es sind die Larven der Köcherfliege, auch Sprock genannt. Siehe Abb. 39

Sie sitzen oft in kleinen, abgestorbenen Teilen des Schilfes, aber sie bauen sich auch selbst kleine Köcher aus allen möglichen anderen Materialien, die sie geschickt zusammenkleben.

Abb. 39. Larve der Köcherfliege

Die Larven lassen sich leicht aus dem Köcher herausdrücken und dann an nicht zu großen Haken einzeln oder auch zu mehreren anbieten. Alle Friedfische sind mit diesem Köder sehr gut zu fangen.

Einen Universalköder für alle Landstriche und Gewässerarten gibt es nicht, deshalb können meine Hinweise nur Anhaltspunkte sein. Die erfolgversprechendsten Angelköder in einem Gewässer sind schnell erkannt, nützen aber nicht, wenn man sie nicht zugleich auch richtig anwendet. Das Kiebitzen bei einem als erfolgreich bekannten Angelkollegen bringt daher auf die Dauer mehr Erfolg als das tagelange Studium aller möglichen Köderrezepte.

Angelplätze

Frei nach einem bekannten Volkslied könnte man als Angler singen: „Das Wandern ist der Fische Lust", ohne damit etwas Unwahres zu behaupten. Bei kaum einer anderen Tierart gibt es solche Langstreckenwanderer wie unter den Fischen. Das fängt mit den Weltreisen der Aale an und hört bei den Kreuzfahrten der Lachse noch lange nicht auf. Immer sind irgendwelche Fischarten unterwegs, und das hat mancherlei Gründe.

Die Reaktionen aller Lebewesen werden bekanntlich durch zwei mächtige Triebe gesteuert, wobei dem Selbsterhaltungstrieb eigentlich nur die Aufgabe obliegt, die Arterhaltung zu ermöglichen. Beides aber sind bestimmende Kräfte und die eigentliche Ursache der Wanderlust vieler Fische. Für die jeweiligen Standplätze kann immer nur einer der beiden genannten Gründe maßgebend sein. Angleraugen rangieren deshalb an letzter Stelle, wenn es darum geht, einen erfolgversprechenden Angelplatz zu finden, denn Angleraugen irren oft. Sie beurteilen einen solchen Platz nämlich in erster Linie danach, ob er für den Angler auch recht bequem ist, ob einladende Buchten und nicht zu flache Ufer ihm gefallen und schattenspendende Bäume für die nötige Kühlung der mitgebrachten Flaschen sorgen können. Sie wissen aber oft nichts von dem, was einem Fisch erst rechte Gemütlichkeit verspricht. Nur dann, wenn man versucht, in die instinktgesteuerte Vorstellungswelt der Fische einzudringen, kann man unter Umständen auch seine Augen wieder um Rat bitten.

Wenn Fische nicht gerade laichen, dann fressen sie. Man muß daher nur ihre Laich- und Freßplätze kennen, um zugleich auch an den richtigen Angelplätzen zu sein. Während es nun kaum Schwierigkeiten bereitet, die Laichplätze zu entdecken, macht das Auffinden der Freßplätze schon weit mehr Sorge. Man kann es daher drehen wie man will, um einige elementare Kenntnisse in Gewässerkunde kommt man nicht herum. Denn nur, wenn man die Hauptnahrung der einzelnen Fischarten kennt, wird man die hauptsächlichsten Stellen ihres Vorkommens auch finden können. Wer sich diese nicht sehr leichte Arbeit ersparen will, sucht sich im Gewässer solche Stellen, wo eine künstliche Nahrungsquelle stets für reichen Fischbestand sorgt. Dazu zählen insbesondere alle Abwassereinleiter der Nahrungsmittelindustrie, besonders aber die von Molkereien, Zucker- und Hefefabriken. Wo es solche Dauerfutterstellen nicht gibt, findet man nach einigem Suchen sicher andere. So sind z. B. alle Plätze, an denen aus irgendwelchen Gründen das Wasser aufgewirbelt wird, zugleich auch gute Fangplätze, weil auch hier das Nahrungsangebot größer als an anderen Stellen im Gewässer ist. Markante Vertreter dieser Art von Futterplätzen sind unter anderem Wehre, Schleusenanlagen oder natürliche Wasserfälle. Neben den beiden bisher genannten Hauptursachen für den Wandertrieb der Fische sollte man eine weitere aber nicht vergessen, weil auch sie dazu beitragen kann, erfolgversprechende Ansammlungen von Fischen aufzufinden.

Als wechselwarme Tiere reagieren Fische besonders stark auf Temperaturveränderungen im Wasser. So ziehen die Cypriniden z. B. gern dem wärmeren Wasser entgegen, die Salmoniden hingegen dem kälteren. Nur dadurch erklären sich übrigens auch die unsichtbaren Barrieren im Wasser, die von den Fischen ohne Not nicht „durchbrochen" werden.

Jedes Gewässer braucht zu seiner Erwärmung eine ganz bestimmte Zeit. Da nun weder alle Gewässer gleich groß noch gleich tief sind und es darüber hinaus unter ihnen sowohl stehende als auch fließende gibt, kommt es überall dort, wo zwei verschiedene Gewässer aufeinandertreffen, zu einem Zusammenprall unterschiedlicher Temperaturwerte. Selbst die geringsten Differenzen werden von den Fischen wahrgenommen, und sie reagieren entsprechend ihrer Art unterschiedlich darauf. Man kann daher damit rechnen, daß man im jeweils wärmeren Teil des Gewässers besonders viele Cypriniden antrifft, während dort, wo Salmoniden zu Hause sind, diese den kälteren Teil bevorzugen.

In der Praxis sucht man Gewässerstellen, an denen Wasser unterschiedlicher Temperatur aufeinandertrifft, mit Vorliebe auf. Dabei spielt es keine Rolle, ob die Temperaturgrenze durch den Warmwasserauslauf eines Kraftwerks verursacht wird oder durch die Einmündung eines kleinen regenwarmen Grabens in den größeren Fluß. An der Nahtstelle zwischen stehendem und fließendem Wasser ist die Temperaturdifferenz oft besonders groß, denn stehendes Wasser erwärmt sich in den meisten Fällen schneller als fließendes. Die Cypriniden, und in ihrem Gefolge natürlich auch Hecht, Zander und Barsch, stehen dann vorwiegend auf der wärmeren Seite der Naht, also in stehendem Wasser, aber nahe an der Grenze zum fließenden.

Es ließen sich noch viele Beispiele ähnlicher Art anführen, aber bei einiger Aufmerksamkeit und Beachtung des eben Gesagten wird jeder bald selbst in der Lage sein, ähnlich günstige Plätze im Gewässer zu finden. Zum erfolgreichen Angeln gehört es ohnehin, derartige Zusammenhänge zu erkennen und zu nutzen.

Höhepunkte

Der Fang eines kapitalen Fisches würde sehr viel von seinem Reiz verlieren, wenn es niemanden gäbe, dem man damit imponieren könnte. Wer den Fisch seines Lebens fängt, der will sich diesen I-Punkt seiner Anglerlaufbahn nicht allein aufsetzen. Den drängt es förmlich in die Nähe anderer Menschen, damit jeder dieses Monstrum von einem Fisch gebührend in Augenschein nehmen kann. Das war zu meines Vaters Zeiten schon so, und so wird es auch noch sein, wenn Astronauten eines Tages in einem interplanetarischen See ihrem astralen Hobby frönen.

Mit dem Anbiß eines Kapitalen verhält es sich ähnlich wie mit einer schönen Frau beim Rendezvous: Sie kommen beide, wann sie wollen. Man geht nicht ans Wasser, um mal so eben einen Anwärter für die Schlagzeile auf der Lokalseite seiner Zeitung zu angeln. Die dicken Brocken kommen fast immer unverhofft und gewöhnlich dann, wenn Kescher oder Gaffhaken zu träge waren, den Angler zu begleiten. Sie kommen so unverhofft wie der Hecht, den ich an meiner Karpfenrute landen mußte, weil er sich aus solchen Unterscheidungsmerkmalen nichts machte.

Ich hatte eine Kartoffel auf Grund gelegt, weil manchmal dicke Karpfen ihre artistisch höchst imposanten Sprünge an dieser Stelle vorführten. Schon seit einer Woche fand meine Frau beim morgendlichen Aufwachen das Bett an ihrer Seite leer, weil ich es vorzog, mich mit Mücken und Bremsen herumzuschlagen. Anglerfrauen sind aber großherzig.

Meine Kartoffeln hatten schon vielen Karpfen die Schönheit einer Überwasserlandschaft gezeigt, es gab also keinen Grund, an ihrer Wirksamkeit zu zweifeln. Mein Frau schlief sicher noch, als ich mich anschickte, einen kräftigen Anhieb zu setzen. Trotz des voraufgegangenen zügigen Bisses fehlte aber dann das sonst übliche Gefühl, an einem U-Boot festzusitzen. Stattdessen hing ein fingerlanges Rotauge am Einfachhaken der Größe 3, und ich zerbrach mir den Kopf, wie das wohl zugegangen sein mochte. Da setzte ein gelblichgrüner Blitz dem Rumoren meiner Gehirnwindungen schlagartig ein Ende. Ich hatte die volle Größe dieses Blitzes leider wegen der Wassertrübung nicht genau ausmachen können, wußte aber dennoch, was zu tun war. Willig ließ ich die Rutenspitze wieder sinken, um ihm Gelegenheit zu geben, störungsfrei zu frühstücken. Als er sich nach zwei Minuten Wartezeit noch immer nicht zu rühren begann, kamen mir die Karpfen wieder in den Sinn und daß sie jetzt wohl beißen könnten. Ich wurde ungeduldig und schlug an. Die Antwort bestand in einem gleichmäßigen, von Sekunde zu Sekunde schneller werdenden Zug in Richtung Strommitte. Dort legte er eine Verschnaufpause ein, und erst jetzt kam mir der Gedanke, es könne sich womöglich um einen Großen handeln. Ob Karpfen, wie geplant, oder Hecht, wie angebissen, was macht das schon, wenn die Kraft einer großen Schwanzflosse nur die Schnur wie die Saiten einer Violine zum Schwingen bringt. Und wieder war es unverhofft gekommen, obwohl ich ihn noch gar nicht hatte. Einen am Haken haben, heißt noch längst nicht, ihn auch schon zerteilen können.

Als er zum erstenmal an die Oberfläche kam, nur wenige Meter von mir und mit auf mich gerichtetem Entenschnabel, da sah mich das Ende meiner 35er Schnur in diesem Riesenmaul verloren an. Die Landung jetzt zu wagen, hieß das Schicksal herausfordern. Ich versuchte es trotz warnender innerer Stimmen und zog ihn langsam näher. Er ließ es widerstandslos geschehen, bis er den bereitgehaltenen Karpfenkescher erkannte. Trotz seiner Größe gelang ihm ein verhältnismäßig eleganter Abgang. Steil zog er in die Tiefe, dem Labyrinth der Uferbefestigung entgegen. Ade ihr Illusionen, die ihr mich ein Viertelstündchen narren konntet. Eine Schnur, die solchen dicken Ästen trotzen kann, muß erst noch erfunden werden.

Allmählich neigte sich die Schnur aus der Vertikalen in die Horizontale und ich sah, daß ich bei der Glücksgöttin einen Stein im Brett haben mußte. Er hatte seine letzte Chance vertan, und ich nutzte diesen Umstand aus. Willig ließ ich ihn gewähren, als er unbedingt die Mitte des Stromes aufsuchen wollte. Hier war er am besten aufgehoben, und ich wartete so lange mit dem Zurückholen, bis er resignierend die Flossen streckte. Beim Keschern gab es einige bange Minuten, als der Stock abbrach. Der Hecht war aber schon zu tief mit dem Kopf in den Maschen des Netzes verstrickt, um diese Panne nutzen zu können.

Er maß vom Kopf bis zum Schwanzende 1,09 m, und ich saß noch eine Weile stillversunken bei ihm, denn er war der I-Punkt meines bisherigen Anglerlebens.

Nicht immer sind es nur die kapitalen Einzelfänge, die den Angler in Hochstimmung versetzen. Auch der Fang mehrerer kleinerer Exemplare kann manchmal zu einem außergewöhnlichen Erlebnis werden. Davon zeigt ein Bild in meinem Fotoalbum, bei dessen Betrachten ich deutlich alle Ereignisse jenes denkwürdigen Angeltages vor meinem inneren Auge sehe. An einem warmen Herbstabend vor wenigen Jahren zog es mich zu einem Futterplatz, den ich mir in der Nähe meines Hauses angelegt hatte. Mit den Friedfischen waren auch die Räuber an diesen Platz gezogen, und so mancher mußte diese Frechheit schon mit seinem Leben bezahlen. Zwei Ruten, einige Köderfische und ich schickten mich an, eine nicht alltägliche Geschichte zu erleben.

Während eine Rute den Zandern zugedacht war, die diesen Futterplatz wegen der vielen Kleinfische belagerten wie die Wölfe eine Schafs-

Abb. 40. 32 ¹/₂ Pfund, vom Verfasser innerhalb einer halben Stunde gefangen (Hechte 10 und 9 Pfund, Zander 6 ¹/₂, 4 und 3 Pfund). Photo: Verfasser

herde, beförderte ich mit der anderen die Brassen ans Licht des Tages. Es dauerte nur wenige Minuten, da hatte sich neben mir ein großer silbergrau schimmernder Fleck aus den Leibern von fünf Zweipfündern gebildet. Den Schwimmer der Zanderrute hatte ich dabei immer im Augenwinkel, es war mir daher auch nicht entgangen, daß er sich langsam auf die Reise begeben hatte. Während er meinen Blicken entschwand, fing eine imaginäre Waage in meinem Kopf zu arbeiten an. Der Zeiger pendelte zwischen „untermaßig" und absolutem Rekord aufgeregt hin und her. Ich bin sicher, daß es solche Waagen auch noch in anderen Anglerköpfen gibt, wenn es vielleicht auch nicht jeder zugeben mag. Nach dem Anhieb pendelte der Zeiger sich zunächst an der Zweikilomarke ein, stieg kurz darauf zur Vierkilomarke und verharrte dann endgültig bei der Zahl Fünf. Ein in der Nähe angelnder Kollege war beim Anblick der gekrümmten Rute hilfsbereit herangekommen und stand schon mit dem Kescher bereit. Widerwillig gab die Feder der Waage nach und bestätigte das, was ich schon vorher wußte. Er wog elf Pfund, und es war kein Zander, sondern ein Hecht. Langsam entfernte sich der Angelfreund, im Stillen wohl hoffend, daß ihm Gleiches widerfahren möge. Inzwischen zappelte ein weiteres Köderfischchen am Haken, und der andere Sportfreund hatte seinen Platz noch nicht wieder erreicht, als ich ihn erneut um seine Mithilfe bitten mußte. Diesmal kündigte die wippende Rutenspitze einen Zander an. Mit seinen 7 Pfund war er nicht sehr viel kleiner, als der schon im Grase liegende Futterkonkurrent.

„Ich bleibe am besten gleich hier", meinte der freundliche Helfer nun, als könne er hellsehen. Der nächste Köderfisch hatte nämlich die Tiefe noch nicht ganz erreicht, als die Pose erneut einen Biß anzeigte. Hochaufspritzendes Wasser begleitete den verzweifelten Kampf eines sechspfündigen Zanders mit dem Kescher, den mein Freund in ungläubigem Staunen nun schon fast routinemäßig bereitgehalten hatte.

Ich war noch keine halbe Stunde am Wasser und hatte schon jetzt fast keinen Platz zum Stehen mehr. Fünf Brassen, ein elfpfündiger Hecht und zwei Zander von sieben und sechs Pfund sind schließlich keine Kleinigkeit.

Mehr aus Neugier köderte ich noch einmal an. Ich wollte sehen , ob solches Beißen beliebig weiterginge. Es ging in der Tat, und ein weiterer Sechspfünder Zander gesellte sich zu den anderen.

Nach dieser halben Stunde, die es wirklich in sich hatte, schwor ich mir, nie mehr daran zu zweifeln, daß noch genügend Fische im Wasser ihr unsichtbares Wesen treiben, auch wenn die äußeren Umstände oft dagegen sprechen. Ich hatte nun mehr als genug. Die restlichen Köderfische und einen der großen Zander bekam mein freundlicher Helfer als Ersatz für seine ihm genommenen Fangaussichten, während ich bemüht war, das Transportproblem zufriedenstellend zu lösen.

Zandern gilt, neben den Karpfen, meine besondere Vorliebe. Der bisher größte ging an einem heißen Sommertag an meinen ausgelegten Köder. Es hatte den ganzen Vormittag nichts gebissen, und die Sonne brannte unbarmherzig auf meine 80 Kilo Lebendgewicht. Mit geschlossenen Augen lag ich da und döste. Allerlei farbenprächtige Schwimmer tanzten wie Kringel vor meinen Augen, und ich war vollauf damit beschäftigt, mit der jeweils dazugehörigen Rute Riesenviecher von Fischen an Land zu ziehen. Ein feiner Zeitvertreib, wenn gar nichts beißen will. Aus der Ferne drang der zittrigpiepsende Ton der alten Rathausuhr an meine Ohren und kündete die zwölfte Tagesstunde. Mitten hinein in das kaum vernehmbare Zirpen der Uhr rauschte wie mit einem Donnerschlag der Biß. Die Rolle wollte sich schier überschlagen und konnte sich kaum so schnell drehen, wie an ihr gezogen wurde. So beißt nur ein großer Raubaal, ging es mir durch den Sinn. Also ziehen lassen, daß er den ganzen Köderfisch gut schlucken möge. Als ich meinte, daß es nun geschehen sein könnte, setzte ich den Anhieb. In der gleichen Sekunde schon wußte ich, daß mir dieses Mal der Ärger mit dem Aalschleim erspart blieb. Solche kurzen, ruckweise nach unten gerichteten Fluchten kennt man nur vom Zander. Er wehrte sich aus Leibeskräften, ganz gegen die Gewohnheit seiner Artgenossen. Aber elf Pfund sind eben elf Pfund, auch bei einem sonst sehr faulen Zander. Er kam wie ein Schreck zur Mittagsstunde und gab ein gutes Foto für mein Album. Statt dieses Albums hätte ich natürlich genausogut mit an die Wand gehängten Fischköpfen der Nachwelt etwas zum Bestaunen hinterlassen können. Glücklicherweise hatte ich von Anfang an etwas gegen diese Köpfe. Nicht nur, daß sie Staubfänger ersten Grades sind, sie verwandeln ein Zimmer sehr bald auch in ein naturkundliches Museum. Also keine Köpfe, dafür Photos und, bei besonderen Anlässen, die entsprechenden Zeitungsnotizen dazugeklebt. Was man schwarz auf weiß besitzt, das kann einem niemand nehmen. Jedes dieser Photos hat seine Geschichte, wie zum Beispiel dieser Karpfen hier. Er wollte besonders schlau sein und landete dann doch im Kochtopf.

Meine Kartoffel lag schon fast vier Stunden und hätte, wäre sie nicht schon gekocht gewesen, sicher am Boden Wurzeln geschlagen. Jede Geduld hat einmal ein Ende, auch meine.

Leichten Groll im Herzen ließ ich meine Rute mit aufgeklapptem Schnurfangbügel zurück und fischte an einer anderen Stelle auf Köderfische, die den Platz der Kartoffel einnehmen sollten. Ich saß seit 4.00 Uhr, und es war jetzt bereits 8.00 Uhr, und um 8.00 Uhr beißen gewöhnlich die Hechte.

Als ich nach einer knappen halben Stunde meinen offen gelassenen Bügel an der Rolle wieder zuklappen wollte, da war er nicht mehr da. Einschließlich der daran befestigten Rolle und mitsamt der teuren

Rute. Auch der Hinweis eines Nachbarn, die Rute hätte einen etwa 5 Meter langen Satz gemacht und sei anschließend auf Nimmerwiedersehen verschwunden, brachte vorerst keine Aufklärung des Geschehens.

Es dauerte eine Weile, bis ich ein Boot und eine weitere Weile, bis die dazugehörigen Ruder gefunden waren. Der Nachbar stieg mit ein und nach längerem Suchen fand ich die Rute wieder. Sie lag in Ufernähe und zuckte verdächtig mit der Spitze. Die Rollentrommel präsentierte sich in völliger Nacktheit, nur noch der Knoten, mit dem die 100 Meter lange Leine befestigt war, schien mich listig anzugrinsen. 100 Meter Schnur sind mit einer Stationärrolle schnell wieder aufgekurbelt. Da das Ende aber irgendwo festzusitzen schien, mußte sich das Boot in Bewegung setzen. Die letzten 5 Meter der Schnur wiesen senkrecht hinunter in die Mitte einer großen Krautbank. Bisher hatte sich noch nichts gezeigt was auf etwas Lebendes am Ende der Schnur hingewiesen hätte. Erst nach einer längeren Pause und nachdem ich sanfte Gewalt angewandt hatte, erschien ein nicht zu übersehender Wasserwirbel an der Oberfläche und löste Alarmstufe drei aus. Er war noch dran, der Rutendieb und Ausreißer. Zwei Männern und einem Boot hatte er aber nichts Gleichwertiges entgegenzusetzen, und mit seiner Größe konnte er mich nicht erschrecken. Mit hörbar klappenden Kiemendeckeln lag er bald darauf im Boot. Der Photograph bekam wieder Arbeit, denn 16 Pfund sind schon wert, geknipst zu werden.

Mein Prunkstück habe ich mir bis zuletzt aufgehoben. Nicht nur, weil es allgemein üblich ist, den Star als letzten vorzustellen, sondern auch deshalb, weil er die vorläufig letzte Seite meines Albums ziert. Ich habe ihn nämlich erst im letzten Urlaub gefangen. Es war schon längst mal wieder ein größerer Fisch fällig, und so wollte ich 14 Tage opfern.

Am Morgen des ersten Urlaubstages ist die Stimmung gewöhnlich sehr gut. Das Wetter war so, daß man den Kescher erwartungsvoll aufklappte und die Fische im Geist schon Schlange stehen sah am Köder. Es liegt auf der Hand, daß solch ein Optimismus günstig auf die Beißlust der Fische einwirken muß.

Schon nach etwa einer Stunde Ansitz wurde die diesmal angebotene Brotflocke ohne Zögern genommen. Es war zwar nur ein Dreipfünder, aber Dreipfünder sind am ersten Urlaubstag besser als gar nichts. Mit Toi, Toi, Toi versank erneut eine Brotflocke im Wasser. Warten gehört zum Karpfenfischen wie das Kalb zur Kuh, aber wenn man schon einen Fisch hat, dann fällt das Warten nur noch halb so schwer. Noch oft mußte ich an diesem Morgen die Brotflocke erneuern, denn zu viele

Mäuler nagten ständig daran herum. Gegen acht Uhr setzte leichter Nieselregen ein, und der Wind flaute fast ganz ab. Es war trotz der frühen Morgenstunde schon recht schwül, und Karpfen lieben solches Wetter.

Gerade hatte ich eine besonders große Brotflocke versinken lassen, da kam auch schon der Biß. Langsam wie ein Zottelbär zog die Pose ab, und mitten hinein in diese Fahrt setzte ich den Anhieb.

Jetzt war es wieder da, dieses lang vermißte Gefühl, ein U-Boot am Haken zu haben. Fast zu schwerfällig setzte sich der Plumpsack in Bewegung, während sich in gewohnter Monotonie die Rollenkurbel rückwärts drehte, dabei leicht von meinen Fingern dirigiert, damit sich nichts verklemmen möge.

Meine Schnur war so neu wie der taufrische Morgen dieses Tages, und so ließ ich ihn nach 40 Metern meinen Willen spüren. Störrisch kam er daraufhin zur Oberfläche und wälzte sich wie ein Berserker. Seine Taillenweite sah verdächtig nach „größter als der letzte" aus, und seine große Schwanzflosse schien das zu bestätigen. Obwohl er alle Kniffe anwendete, um wieder in die Tiefe zu gelangen, kannte ich doch

Abb. 41. Kapitaler Karpfen. Der Wirbel vor der Landung. Photo: W. Witters

zu viele Gegenmittel und ließ es nicht mehr zu. Ein Karpfen an der Oberfläche ist schon fast ein toter Mann (oder würde man hier besser toter Fisch sagen?).

Es dauerte immerhin so an die 20 Minuten, bis er eingesehen hatte, daß jegliche Gegenwehr sinnlos war. Als er dann geradewegs in den bereitgehaltenen Kescher schwamm, kam so etwas wie Mitleid in mir auf. Seine 21 Pfund machten dem Keschernetz ganz schön zu schaffen, und als ich das obligatorische Foto von uns beiden machen ließ, da hatte ich die 21 Pfund auf meinen Armen liegen und merkte erst jetzt so richtig, wie schwer er eigentlich war.

Fangzeiten

Wenn Fische nicht in Ruhestellung fast bewegungslos verharren, sondern lebhaft umherschwimmen und Nahrung suchen, nennen wir das Beißzeiten. Die Intensität dieser Beißzeiten ist von verschiedenen unbekannten Faktoren abhängig und nicht über das ganze Jahr gleich groß. Aus langjähriger Erfahrung läßt sich nachfolgende Übersicht geben, in der natürlich solche Fische fehlen, die nicht überwiegend mit der Posenangel gefangen werden. Die Erfolgschancen sind dabei am größten, wenn man sich an die angegebenen Zeiträume hält. Natürlich fressen die Fische auch während der nicht angegebenen Zeiten, und mit etwas Glück oder einem Warmwassereinlauf in der Nähe kann man seinen Silvesterkarpfen noch bei Minustemperaturen um 10° C fangen.

Fangzeittafel mit den günstigsten Monaten

	Rotauge	Brassen	Karpfen	Hecht	Zander	Aal	Barsch	Schleie	Aland
Januar	×								
Februar	×								
März	×								
April	×	×		×		×			×
Mai		×		×		×			×
Juni			×		×			×	
Juli			×				×	×	
August			×				×	×	
September		×	×	×	×	×	×		
Oktober				×	×		×		
November	×			×	×		×		
Dezember	×			×	×				

Sachregister

Von RUDOLF SACK erschien ferner:

Hochseeangeln

Ein Fangbuch für große und kleine Fischarten. 1980. 94 Seiten mit 73 Abb. 38,– DM

Große Fänge

Angelerfolge in See, Fluß und Meer. 2. Auflage. 1977. 114 Seiten, 44 Abb. im Text und auf 1 Tafel. Laminiert 16,80 DM

Karpfenfang

Wegweiser zum Angelerfolg. 1977. 85 Seiten mit 57 Abb. Laminiert 19,80 DM

So fängt es an . . .

Eine erste Anleitung für junge Angler. Von O. WENTZLAU. 8., neubearbeitete Auflage. 1978. 110 Seiten, 48 Abbildungen im Text und auf 9 Bildtafeln, davon 4 Farbtafeln. Kart. 12,80 DM

Der sportgerechte Angler

Kurzleitfaden für die Sportfischerprüfung und für die Praxis der Sportfischerei einschl. Turniersport. Von M. GRÜNEFELD. 9. Auflage, neubearbeit. und erweitert von A. HUTTERER-NIEDEREDER. 1979. 114 Seiten, 164 Abb., davon 64 farbig. Kart. 13,80 DM

Die Angelfischerei

Begr. von M. VON DEM BORNE. 16., neubearbeitete Auflage. Unter Mitwirkung von 14 Mitarbeitern, hrsg. von Dr. W. QUINT. 1981. Ca. 400 Seiten mit ca. 540 Abb. im Text und auf 40 Tafeln, davon 1 Farbtafel. Balacron ca. 44,– DM

Wettfischen

Gerät, Köder, Technik und Taktik. Von D. BERGER und R. SCHUMACHER. 1981. 102 Seiten, 33 Textabb. und 8 Tafeln mit 26 Photos. Kart. 26,80 DM

Preisstand: Sommer 1981.
Spätere Änderungen vorbehalten.

Das Große ABC des Fischens

Ein Lehrbuch für das Angeln auf Süßwasser- und Meeresfische. Hrsg. von C. WILLOCK. Aus dem Engl. übertragen, bearb. und erweit. von H. G. JENTSCH. 4. Auflage, bearbeitet und ergänzt von G. PEINEMANN. 1976. 298 Seiten, 210 Abb. davon 40 farbig, im Text und auf 8 Farbtafeln. Leinen 32,– DM

Die Hohe Schule des Angelns

Mit Englands Meisterfischern am Wasser auf Aal, Barbe, Barsch, Blei, Döbel, Hecht, Karpfen, Rotauge und Schleie. Von J. NORMAN. Aus dem Engl. übersetzt und bearb. von M. GRÜNEFELD. 6. Aufl. neubearb. von G. PEINEMANN. 1980. 153 Seiten. 33 Abb. im Text und auf 4 Tafeln. Laminiert 24,– DM

Vom Blauen Aal zum Kalten Zander

Ein vergnügliches Fischkochbuch mit allerlei Kniffen. Von A. CHEMNITZ. 1980. 168 Seiten mit 59 Abb., davon 32 Zeichnungen von P. KOEHNE. Laminiert 24,80 DM

Das Räuchern von Fischen

Ein Leitfaden für Sport- und Berufsfischer, für Fischzüchter, Gastwirte und Gastgeber. Von E. REHBRONN und F. RUTKOWSKI, 3., neubearb. und erweiterte Aufl. 1980. 110 Seiten mit 44 Zeichnungen und 7 farbigen Abb. Kart. 19,80 DM

Das große Präparierbuch der Fische

Von A. HUTTERER-NIEDEREDER. 1976. 118 Seiten, 183 Abb., davon 12 farbig. Laminiert 32,– DM

Fisch und Fang

Eine Zeitschrift für Angler und alle Freunde des Fischwassers. Erscheint 1981 im 22. Jahrgang. Chefredakteur: G. PEINEMANN, Redakteur: R. HENNING. Monatlich erscheint ein reich und farbig illustriertes Heft im Format DIN A4. Im Jahresabonnement (1981) 42,– DM zuzüglich Versandkosten.

VERLAG PAUL PAREY · HAMBURG UND BERLIN